U0513086

陳垣著作集

元西域人華化考

陳智超 陳浩寧 導讀

陳垣 撰

上海書店出版社

SHANGHAI BOOKSTORE PUBLISHING HOUSE

出版說明

　　陳垣（1880—1971），字援庵，又字圓庵，廣東新
會人，中國傑出的歷史學家、宗教史學家、教育家。
陳垣在元史、歷史文獻學、宗教史等領域皆有精深研
究，留下了十幾種專著、百餘篇論文的豐富遺產。主
要著述有《元西域人華化考》《校勘學釋例》《史諱舉
例》《中國佛教史籍概論》及《通鑒胡注表微》等，另
有《陳垣學術論文集》行世。陳垣與陳寅恪並稱為
"史學二陳"，二陳又與呂思勉、錢穆並稱為"史學四
大家"。

　　"陳垣著作集"乃我社於二〇二三年推出的叢
書，該叢書將曾經在我社出版的三本陳垣著作重新集
合出版，分別為《校勘學釋例》、《史諱舉例》和《中
國佛教史籍概論》。今次復增收《元西域人華化考》
和《通鑒胡注表微》。

元朝是中國歷史上第一個以少數民族建立的大一統王朝，這使得宋元之交成為一個頗值得玩味的時代，以詩禮風雅自居的中原士夫面對輕儒尚武的大環境，家國之恨，身世之感，甚至斯文掃地之慨，無不縈繞於心。在這種社會狀況中，《元西域人華化考》讓我們看到了中華文化的強大生命力，這種力量不因貶斥而毀損，甚至在西域人心中生根，使其傾心相隨，折節相從。胡三省是宋末元初一位傑出的歷史學者，他用注《資治通鑒》的形式來表達心中的家國之恨，身世之感，陳垣慧眼識英，將之表而出之，同時也寄寓了自身在日軍侵華、生靈塗炭的亂世之中難以宣泄的苦楚與愛國熱忱。從史學角度來說，前者開創了歷史研究的新維度，後者參千三百餘年之史事而觀之，並提點以校勘、避諱、考據等研究方法，研究者得學問之門徑，愛好者亦可得一《資治通鑒》之精編本。這兩本書可以說從一新一舊的兩方面反映出，陳垣先生既繼承了清代乾嘉學者的舊學功夫，另一方面又開辟了通往新史學的道路。

本次出版以《勵耘書屋叢刻》第一輯之《元西域

人華化考》及 1958 年科學出版社版《通鑒胡注表微》為底本，參考市面上通行本之二書。《通鑒胡注表微》體例較爲複雜，有相次排佈的《通鑒》正文、胡《注》與陳垣《表微》三部分，本次整理按底本各低一格排列，並區分三種字體。《資治通鑒》問世之後，司馬光本人及後學有《資治通鑒考異》、《資治通鑒釋文》等著作，其內容散入《通鑒》正文附之而行，故本書《通鑒》正文中多有《考異》語，《辯誤篇》爲辯證《通鑒釋文》之誤，正文后皆附《釋文》語，凡此皆從胡《注》字體，與《通鑒》正文接排。如本書導讀所言，陳垣引書，好剪裁原文，只求文意完足，不會照本直錄，如此省略統不處理。但本書《通鑒》正文中又有其概括撮述之語，承上條省略同一年份之“又”字，引述司馬光之語所謂“溫公曰”者，統一改同注文字體以區別之，庶幾使條目清朗。如遇其剪裁原文而偶使文意不全者，如《書法篇》原《通鑒》卷一“智宣子將以瑤爲後”條下胡《注》：“溫公之意，蓋以天下莫大於名分，觀命三大夫爲諸侯之事，則知周之所以益微，七雄之所以益盛；莫重於宗社，觀智、趙立後之事，則知君臣之義當守節伏死而已；觀豫讓之事，則知策名委質者，必有貳而無貳。""智趙立後"與"君臣之義"何干，"觀智、趙立後之事，則知"後原有"智宣子之所以失，趙簡子之所以得"兩句，補入方使文意完足，故以方括號補入。《邊事篇》《通鑒》卷二四九"唐宣宗大中十一年"條《表微》中有"挺而走險"一語，雖曩昔無所謂文字規範之説，亦並以圓括號括去誤字，以方括號補入正字，請讀者知悉。

參考通行本時發現若干誤字如下：《元西域人華化考》卷二之一陸文圭《送家鉉翁序》"釋棚掉甲"，"棚"應為"捆"。《詩經·鄭風·大叔于田》有句"抑釋捆忌，抑鬯弓忌"，箭放回箭袋，弓收回弓囊，意為不再使用武器。卷四之一姚燧序《唐詩鼓吹》"於鼓吹之陪爨稍而導繡幰者"，"稍"應為"矟"，"爨矟"乃是一種古代儀仗。卷五之二《四庫總目》譏《云藝圃集》將高克恭載入元詩為失斷限，"《云藝圃集》"應為"《元藝圃集》"，乃是明人李蓘編選的詩集。《勵耘書屋叢刻》本亦誤"捆"為"棚"，後二字不誤。為保留底本原貌，"挪"字同前例以方括號補入，原"棚"字以圓括號標出，請讀者知悉。《通鑒胡注表微》通行簡體字本夾雜諸多繁體字，因而甚至有誤作繁體之字，如《勸誡篇第十》原《通鑒》卷二八三胡《注》所引《詩經》之句"殷鑒不遠，在夏后之世"，"后"不應繁為"後"。《臣節篇第十二》原《通鑒》卷一三五第三條《表微》引《隱居通議》琵琶亭詩曰"老大蛾眉負所天，尚留餘韻入哀絃"，"絃"即"弦"，通行本因形近而誤為"纮"。此二字科學出版社版皆不誤。因學力有限，或有未及更正釐清處，歡迎讀者方家批評指正。

另外，徵得陳垣先生哲孫陳智超先生同意，二書各冠以其所撰寫的導讀兩篇，《元西域人華化考》附以創作歷程一篇、陳垣先生信函若干、陳垣先生學術年表一篇，以饗讀者。

上海書店出版社
二〇二五年五月

目　録

出版說明 ……………………………………………… 1

《元西域人華化考》導讀 / 陳智超　陳浩寧 ……… 1

重刻《元西域人華化考》序 / 陳寅恪 ……………… 1

卷一　緒論 …………………………………………… 1

一　元西域範圍 …………………………………… 1

二　元時西域文化狀況 …………………………… 3

三　華化意義 ……………………………………… 4

四　西域人華化先導 ……………………………… 5

卷二　儒學篇 ………………………………………… 12

一　西域人之儒學 ………………………………… 12

二　基督教世家之儒學 ······················· 28

三　回回教世家之儒學 ······················· 39

四　佛教世家之儒學 ························· 43

五　摩尼教世家之儒學 ······················· 47

卷三　**佛老篇** ·························· 56

一　西域詞人之佛老 ························· 56

二　回回教世家由儒入佛 ····················· 68

三　基督教世家由儒入道 ····················· 78

卷四　**文學篇** ·························· 86

一　西域之中國詩人 ························· 86

二　基督教世家之中國詩人 ··················· 102

三　回回教世家之中國詩人 ··················· 107

四　西域之中國文家 ························· 117

五　西域之中國曲家 ························· 125

卷五　**美術篇** ·························· 132

一　西域之中國書家 ························· 132

二　西域之中國畫家 •••••••••••••••• 145

三　西域人之中國建築 •••••••••••••••• 154

卷六　禮俗篇 •••••••••••••••• 161

一　西域人名氏效華俗 •••••••••••••••• 161

二　西域人喪葬效華俗 •••••••••••••••• 174

三　西域人祠祭效華俗 •••••••••••••••• 183

四　西域人居處效華俗 •••••••••••••••• 189

卷七　女學篇 •••••••••••••••• 200

一　西域婦女華化先導 •••••••••••••••• 200

二　西域婦女之華學 •••••••••••••••• 201

卷八　結論 •••••••••••••••• 207

一　總論元文化 •••••••••••••••• 207

二　元人眼中西域人之華化 •••••••••••••••• 212

三　元西域人華文著述表 •••••••••••••••• 215

附　徵引書目 •••••••••••••••• 219

附　　錄

讀陳垣氏之《元西域人華化考》

　/（日）桑原騭藏 ………………………………… 227

陳垣與王國維、陳寅恪二先生往來書信選 ……… 239

《元西域人華化考》創作歷程 / 陳智超 ………… 245

陳垣先生學術年表 ……………………………… 265

《元西域人華化考》導讀

陳智超　　陳浩寧

此書著於中國被人最看不起之時，又值有人主張全盤西化之日，故其言如此。

——陳垣[1]

《元西域人華化考》（以下一般簡稱《華化考》）是陳垣先生前期的代表作。這部著作全文不過八萬字，但它奠定了陳垣先生作爲國際學者的地位，也是現代中國元史研究的開拓性著作之一。

一

本文開首引用的，是陳垣先生在 1964 年回答一位老讀者信中的一句話。它是了解本書寫作背景、寫作

---

[1]　陳智超編注《陳垣來往書信集》第 818 頁，上海古籍出版社 1990 年出版。

目的的一把鑰匙。

《華化考》作於 1923 年，即民國建立後的第十二年。辛亥革命推翻了持續兩千多年的封建帝制，但没有改變中國半殖民地半封建社會的性質。列强侵略，政客爭權，軍閥混戰，民不聊生：這就是當時的現實。

陳垣先生爲了中國的獨立、民主、富强，青年時代就投身於反帝反清的革命活動，1905 年二十五歲時在廣州與友人創辦《時事畫報》，用文字作革命宣傳，並加入同盟會。民國成立後當選爲衆議員，定居北京。殘酷的政治現實，沉重地打擊了他青年時代的美好政治抱負，1923 年開始，他徹底轉嚮史學研究與教學，但並没有放棄報國之志。

這時的中國，不但政治、經濟、軍事以至國民體質，處處落後，被人譏爲“東亞病夫”，就是學術、文化也處於落後狀態，爲人輕視。據他的朋友、學生們回憶，當時陳垣先生縈回腦際的中心問題，就是就他所從事的學術研究工作，與志同道合者一起，努力把漢學中心的地位從外國奪回中國。

例如，胡適 1959 年 1 月 3 日在臺北“中央研究院”的團拜會上說，20 年代“在北平和沈兼士、陳援庵兩位談起將來漢學中心的地方，究竟是中國的北平，還是在日本的京都，還是在法國的巴黎？”[1]

陳垣先生在北京大學時的學生鄭天挺回憶，1921年在北大研究所國學門的一次集會上，“陳老說：現在中外學者談漢學，不是說巴黎如何，就是說西京（日本京都）如何，沒有提中國的。我們應當把漢學中心奪回中國，奪回北京”[2]。

他在燕京大學時的學生翁獨健在 1978 年回憶道：“1928 年，當時我是大學一年級學生，在課堂上聽到陳垣教授甚有感慨地說過這樣的話：今天漢學的中心在巴黎，日本人想把它搶到東京，我們要把它奪回到北京。”[3]

[1] 胡頌平編著《胡適之先生年譜長編初稿》第 8 冊第 2789 頁，臺北聯經出版事業公司 1984 年第 2 版。原文作“二十年前”，1959 年之二十年前爲 1939 年，當時根本不可能談此問題，“二十年前”應是“二十年代”之誤。
[2] 鄭天挺《回憶陳援庵先生四事》，北京師範大學《陳垣校長誕生百年紀念文集》第 12 至 13 頁。
[3] 《光明日報》1978 年 3 月 11 日報導。

他在北平師範大學時的學生柴德賡回憶說，陳老師"深以中國史學不發達爲憾，常說：'日本史學家寄一部新著作來，無異一炮打在我的書桌上。'因此，他就更加努力鑽研"[1]。

他在 30 年代中期在北京大學的學生朱文長回憶當時他就時局發表的看法："一個國家是從多方面發展起來的；一個國家的地位，是從各方面的成就累積的。我們必須從各方面就着各個所干的，努力和人家比。我們的軍人要比人家的軍人好，我們的商人要比人家的商人好，我們的學生要比人家的學生好。我們是干史學的，就當處心積慮，在史學上壓倒人家。"[2]

《元西域人華化考》的寫作，就是陳垣先生爲此所作的一次努力。他爲什麼選擇這個主題呢？

過去提起中國的盛世，不是漢代的文景，就是唐代的貞觀、開元，清代的康乾。提到元代，最多説它

[1] 柴德賡《我的老師陳垣先生》，載柴氏《史學叢考》第 436 頁，中華書局 1982 年出版。
[2] 朱海濤《北大與北大人》，《東方雜志》第 40 卷第 7 號，1944 年1 月出版。

的武功顯赫，而更多的是注意它的殘暴統治。陳垣先生在辛亥革命前所寫的抨擊清朝政府的文章中，有一些也是借揭露元代的民族壓迫和專制統治而影射清朝的。清朝的統治被推翻了，形勢發生了變化，啓發他從另一個角度來審視元朝的得失。中國積貧積弱的現實，使他想到了正是元朝在中國歷史上建立了空前規模的大帝國。但他注意的不是元朝的武功，而是在大一統的局面下，大批過去被隔絕的外國人以及西北少數民族，來到了中國，來到了中國的中原地區，接觸了中華文化，受到感染，爲之同化。闡明這一歷史事實，正符合他要喚醒國人，振興中華文化的目的。

所以他在《華化考》一書中意味深長地強調："自遼、金、宋偏安後，南北隔絕者三百年，至元而門戶洞開，西北拓地數萬里，色目人雜居漢地無禁，所有中國之聲明文物，一旦盡發無遺，西域人羨慕之餘，不覺事事爲之仿效。故儒學、文學，均盛極一時。而論世者輕之，則以元享國不及百年，明人蔽於戰勝餘威，輒視如無物，加以種族之見，橫亘胸中，有時雜以嘲戲。元朝爲時不過百年，今之所謂元時文化者，亦指此西紀一二六〇年至一三六〇年間之中國文化耳。若由漢高、唐太論起，而截至漢、唐得國之百年，以及由清世祖論起，而截至乾隆二十年以前，而不計其乾隆二十年以後，則漢、唐、清學術之盛，豈過元時！"（卷八第一節）這在當時是一個嶄新的觀點。

他在書中鄭重聲明："吾之爲是編，亦以證明西域人之同化中國而已。"（卷二第五節）爲此需要對本書題目所用的"西域"及"華化"兩詞加以說明。

"西域"一詞始見於漢。漢武帝派張騫出使西域，是爲人們熟知的史實。時代不同，西域的範圍也有變化。元代開疆辟土，西域的範圍較以往擴大許多。元時又有"色目"的名稱。元朝把它統治下的人們分爲蒙古、色目、漢人、南人四等。元代的色目人與歷史上的西域人範圍不完全相同。《華化考》所論者是色目人。爲什麼作者不用"色目人"而用"西域人"？他是這樣解釋的："西域人者色目人也。不曰色目而用西域者，以元時分所治爲蒙古、色目、漢人、南人四色，公牘上稱色目，普通著述卜多稱西域也。"（卷一第一節）關於題目中的"華化"，檢閱現存的《華化考》的提綱和初稿，提綱先作"中國化"，後改爲"漢化"，初稿沿用"漢化"，至定本改爲"華化"，但文中還保留少數"漢化"之詞。改"漢化"爲"華化"，我們固然可以作這樣的解釋：元代的漢人與漢族人不是同義語，"漢人"不但指漢族，也包括契丹、女真、高麗等族，而元代的"南人"中大部分是漢族。但如果我們聯繫到本文開首所引的陳垣先生的話："此書著於中國被人最看不起之時，又值有人主張全盤西化之日，故其言如此。"他不曰色目人而曰西域人，不曰漢化而曰華化，以西域人與華人相對，以西化與華化相對，其故可深長思之！

二

《華化考》的主旨是證明元代"西域人之同化中國"，但這只是作者寫作本書所要達到的目的。這個目的能否達到，也就是説這個論斷是否成立，並爲人們所認同，還要看它是否符合歷史現實，作者提出的論據是否正確、充分，論證是否符合邏輯。

作者在界定了元時西域人的範圍之後，又對"華化"的意義作了這樣的規定："以後天所獲，華人所獨者爲斷。"所以，"或出於先天所賦，或本爲人類所同，均不得謂之華化"（卷一第三節）。

"華化"的定義既明之後，作者又是從哪些方面論證元時色目人之華化的呢？

第一，儒學："儒學爲中國特有產物，言華化者應首言儒學。"（卷二第一節）

第二，佛道兩教：道教是中國土生土長的宗教，自不必說。"佛教非出於中國，然元時佛教之入中國，已千三百餘年，本分禪、教兩大宗，其禪宗早已成爲華化。倘其人之佛學得自梵文，或得諸西域，固不可謂之華化；倘其佛學係由漢譯經論，或由晉、唐以來之支那撰述而得，而又非出家剃度、身爲沙門，僅以性耽禪悦，自附於居士之林，則不得不謂之華化。"（卷三第一節）

第三，文學：包括詩、文、詞曲。這當然指的是中國詩、中國文以及在元代文學中最具特色的元曲。

第四，美術：包括書法、繪畫和中國建築。關於書法，作者説："書法在中國爲藝術之一，以其爲象形文字，而又有篆、隸、楷、草各體之不同，數千年來，遂蔚爲藝術史上一大觀。然在拼音文字種族中，求能執筆爲中國書，已極不易得，況云工乎！故非浸潤於中國文字經若干時，實無由言中國書法也。"（卷五第一節）關於繪畫，"中國畫有中國畫特色。以元版圖之大，即有西域畫家挾羅馬、波斯、土耳其之畫法，以顯於中國，亦並不奇；然此之所謂畫家，乃中國畫法，非西域畫法，故不曰西域畫家，而曰西域之中國畫家也"（卷五第二節）。

第五，禮俗：包括名氏、喪葬、祠祭、居處之仿效華俗。作者説："試一檢元人文集，種人（超按：此處指色目人）之請字請名者觸目皆是，其人皆慕效華風，出於自願，並非有政策之獎勵及强迫，而皆以漢名爲榮。"（卷六第一節）又説："封建社會最大之禮制，莫過於喪葬。"（卷六第二節）

由此可見，作者所説的華化或同化，是指文化上的影響、吸收、接受或認同；也可見作者考慮之周全和規模之宏闊。

本書在材料的運用上也有鮮明的特色。

第一，材料富。許冠三在評述《華化考》時説："僅就資料的豐實言，已屬前無古人。全書七萬餘字，共用材料二百二十種，以金石録和詩文集爲主體，所引元、明人詩文集約百種，在一般史家常用的正史、方志、雜記、隨筆外，連畫旨、畫譜、書法、進士録等，亦搜羅無遺。如此的繁富而多樣，僅有晚年的陳寅恪和顧頡剛差堪匹敵。"[1]

第二，版本多。許冠三又説："《元西域人華化考》所以縝密服人，'多聚異本'無疑是重要因素之一。如考余闕華化，所見《青陽集》，即有元刊五卷、六卷本，明刊九卷本和《四庫》六卷本四種。考丁鶴年事迹，所據鶴年著述則有兩種版本：一、《藝海珠塵》本《丁孝子詩集》，二、《琳琅秘室》本《丁鶴年集》，所參考的戴良作品，亦有兩本：一是《琳琅秘室》本《丁鶴年集》戴序，二是收入戴良《九靈山房集》的

---

[1] 許冠三《新史學九十年》上册第 115 頁，香港中文大學出版社 1986 年出版。

《鶴年吟稿序》。前者是初稿，後者是定本。"[1]

第三，善利用。《美術篇》的《西域之中國書家》和《畫家》兩節，作者寫作時較其他篇省力，因爲他利用了兩部"極現成之書"，即元代陶宗儀的《書史會要》和夏文彥的《圖繪寶鑒》。論證西域人名氏效華俗，則利用了元人文集中觸目皆是的"字說"。但在論述西域人喪葬效華俗時，因爲諸家記述極少，他多方搜集材料，利用了當時很少有人利用的《元典章》，從元代禁止畏吾兒仿效漢兒喪葬體例中反證："必其有所效，而後有所禁也。"（卷六第二節）

許冠三還評論説，《華化考》"論證的謹嚴，亦是當代罕有。如證《丁鶴年集》通行本皆明刻説，共舉五證，證證確切。又證丁氏爲回回一節，則有八證。且舉證皆按效力强弱定先後，條理井然"[2]。

《元西域人華化考》在學術界産生了廣泛而深遠的影響，無論是主題的選擇、材料的運用，以至著述

---

[1] 許冠三《新史學九十年》上册第 123 頁。
[2] 同上書第 115 頁。

體例、學風等方面，都給了並將繼續給後人有益的啓示。他當年告誡人們要警惕那些"夸彼善俗、思革吾華風者"，應爲後人銘記。

《華化考》也有一些具體的、細節的失誤，比如魯古訥丁、別的因、泰不華、晶實帶、郝天挺等人是否爲色目人？有的肯定不是，有的還有爭論。

學無止境。譬如積薪，後來居上。在前人取得成果的基礎上繼續前進，這是科學發展的規律，也是後繼者義不容辭的責任。

三

《華化考》完成以後引起了熱烈的反響。

《華化考》初稿寫成之後，在北京大學《國學季刊》發表（前四章）之前，作者曾將油印稿分別寄給包括魯迅在內的國內外的一些學者。

第一個反映來自日本學者桑原騭藏。桑原比作者年長十歲，畢業於東京大學，此時是京都大學文科大學教授，正是日本漢學中心中的一位中堅人物。桑原於 1924 年春天收到《華化考》油印本，在當年 10 月出版的《史林》雜志發表了題爲《讀陳垣氏之〈西域人華化考〉》的書評[1]。書評一開始就説陳垣是現在中國史學家中"尤爲有價值之學者","能如陳垣氏之足惹吾人注意者，殆未之見也"。他認爲陳垣研究的特點有二：第一，是在研究中國與外國關係方面，"裨益吾人者甚多。氏之創作以《元也里可温考》始，次如《國學季刊》所揭載之《火祆教入中國考》《摩尼教入中國考》兩篇，資料豐富，考據精確，爲當時學界所見重"；第二，則是書評一再强調的，研究方法的科學。桑原還説，《華化考》"博引傍搜元人之文集、隨筆等一切資料，徵引考核，其所揭之各題目，殆無遺憾"，不但研究元史，即使是研究中國文化史，都應參考此書。桑原的評價多處以陳垣與其他中國學者對比，讀完這篇書評，如果再參看桑原大約同時寫的評論柯劭忞《新元史》、梁啓超《中國歷史研究法》的文章，更可以體會到，爲什麽陳垣先生説"此書著於

---

[1] 原載《史林》第 9 卷 4 號，後收入《桑原騭藏全集》第 2 卷，東京岩波書店 1963 年出版。有陳彬和中譯本，發表於《北京大學研究所國學門週刊》第 1 卷 6 期，1925 年 11 月 18 日出版。

中國被人最看不起之時"，爲什麽他一再提出要把漢學中心奪回中國。

王國維讀《華化考》油印稿後，於1925年2月向作者寄贈有關李珣材料一條。李珣是唐代土生波斯人，能作詞，《花間集》收録其詞作三十七首，可稱爲元西域人華化之先導者。以後周肇祥、英華也告以同一材料[1]。作者則受此啓示而聯想及李珣之妹、前蜀王衍昭儀李舜弦，能詩能畫，爲增《西域婦女華化先導》一節。

1929年，當時任中央研究院歷史語言研究所所長的傅斯年，給應聘爲該所特約研究員的陳垣先生寫了一封情辭懇切的締交信。信中説："斯年留旅歐洲之時，睹異國之典型，慚中土之搖落，並漢地之歷史言語材料亦爲西方旅行者竊之奪之，而漢學正統有在巴黎之勢。是若可忍，孰不可忍？幸中國遺訓不絶，典型猶在。静庵先生馳譽海東於前，先生鷹揚河朔於後。二十年來承先啓後，負荷世業，俾異國學者莫敢

---

[1] 《陳垣來往書信集》第227至228頁，233頁，參見本書卷七第一節。

我輕，後生之世得其承受，爲幸何極。"[1]傅斯年現存信件多已刊出，看過他的信件的人，都會感到這是他最謙恭的一封信；而了解他的性格的人，又會知道這絕非客套之詞。他所以作出這樣的評價，除了同有將漢學中心奪回中國的志願之外，也是覺察到了以《華化考》爲代表的陳垣先生的前期著作所達到的水平與產生的影響。

無獨有偶，還有一位學者將王國維與陳垣並提。但他不是中國人，而是法國的伯希和。他説：中國近代之世界學者，惟王國維及陳垣兩人[2]。

1934 年冬，陳垣先生將先後分別發表在北京大學《國學季刊》和《燕京學報》上的《元西域人華化考》上下篇木刻出版，請陳寅恪作序言。陳寅恪在 1935 年 2 月寫了《重刻〈元西域人華化考〉序》。序中説："是書之材料豐實，條理明辨，分析與綜合二者

[1] 陳智超《陳垣先生與中研院史語所》及杜正勝《無中生有的事業——傅斯年與史語所的創立》，臺北"中央研究院"歷史語言研究所《新學術之路》第 236 至 237 頁，27 頁，34 頁，1998 年出版。
[2] 《陳垣來往書信集》第 96 頁，尹炎武函。

俱極其工力，庶幾宋賢著述之規模。"又說："近二十年來，國人內感民族文化之衰頹，外受世界思潮之激蕩，其論史之作，漸能脫除清代經師之舊染，有以合於今日史學之真諦，而新會陳援庵先生之書，尤爲中外學人所推服，蓋先生之精思博識，吾國學者自錢曉徵（大昕）以來未之有也。"又說："今日吾國治學之士競言古史，察其持論，間有類乎清季夸誕經學家之所爲者。先生是書之所發明，必可示以準繩，匡其趨向，然則是書之重刊流布，關係吾國學術風氣之轉移者至大，豈僅局於元代西域人華化一事而已哉！"陳寅恪在寫序同時，對書中一些具體提法曾提出意見，作者也作了相應的修改[1]。一處是卷二《儒學篇》第五節《摩尼教世家之儒學》，排印本"曒欲谷爲回紇謀臣"，木刻本改爲"偰氏世爲回紇貴臣"。另一處是卷四《文學篇》第一節《西域之中國詩人》，排印本"迺賢直托爾斯太一流之所自出也"，木刻本改爲"迺賢與托爾斯太一流正有些相類"。"正有些相

---

[1] 《陳垣來往書信集》第 378 頁，尹炎武函。

類”，與作者一貫的文風不類，細察木刻本，知此數字爲剜改補刻，似爲陳寅恪來函原文，作者一爲尊重對方意見，一爲將就刻版字數。在此之前，大約是1930年底至1931年中，兩人就曾對《華化考》書中的不忽木其人進行過討論，現存的一紙二陳筆談遺墨是其見證。原來，陳垣先生在校勘沈刻《元典章》時，發現在《元史》等書中多次出現的不忽木，在《元典章》中作不忽术。究竟是“木”還是“术”？在没有找到充足的證據之前，他没有下結論，而是向通曉多種文字的陳寅恪請教，想從語言學方面尋找證據，再作判斷。雖然没有找到强有力的證據，但爲後人留下了一份珍貴的文獻和記録[1]。

1966年，《元西域人華化考》的英譯本由錢星海和 L. Carrington Goodrich 翻譯、注釋，作爲《華裔學志叢書》之一，在美國洛杉磯出版，1989年又在德國再版。這時距本書首次發表的1924年已經六十五

---

[1] 見陳智超《史學二陳的友誼與學術》，《紀念陳寅恪教授國際學術討論會文集》第245至246頁，中山大學出版社1989年出版。

年了。它也從一個方面反映了本書長盛不衰的學術生命力。

四

《華化考》一共有五種文本。

一、 初稿：大部分保存下來了，分爲三册，每册封面都有陳垣先生題字："西域華化考史料"（上、中、下），並題"十二年十一月"。裝訂次序同全書篇章次序並不完全相符，原稿與其他有關《華化考》的史料合訂在一起。這種裝訂法反映了作者寫作的一個特點：他總是先將有關的材料收集齊全，然後挑出第一手的、準備引用的材料。引用時常作許多删節（他一再强調，引文不可改，但可删），並把它們聯綴成文。初稿的主要特點，如前所述，定本中的"華化"，初稿中一律作"漢化"。

二、 油印稿：至目前爲止，只知道僅存一部，藏於日本京都大學文學部東洋史研究室的"桑原文庫"。綫裝上、下兩册，每半頁10行，行25字。卷末注有"十二年十月九日寫於北京西安門外恒德廠"，由此可知本書完成的準確時間（1923 年 10 月 9 日，作者當時尚未滿四十三歲）和作者當時在北京的寓所。上册封面有作者題字："桑原騭藏先生指正/陳垣敬呈十二年十二月。"[1]這就是作者贈與桑原之本。桑原逝世後，根據他的遺願，全部藏書贈與京都大學，本稿也在其中。初稿中的"漢化"，在油印稿中絕大部分已改爲"華化"。

　三、 排印本（正式發表本）：1923 年 12 月，北京大學《國學季刊》第一卷第四號發表了《元西域人華化考》的前四卷，後因該刊經費困難，久未續出。直至 1927 年 12 月，後四卷才發表於燕京大學《燕京學報》第二期。前後相隔竟達四年之久。排印本按當時刊物的規格，加了標點符號。

　在前四卷發表之後，後四卷尚未發表之前，作者還應雜志之請，抽出全書部分內容，以《元基督教徒之華學》和《十四世紀南俄人之漢文學》的題目分別

---

[1] （日）竺沙雅章《陳垣與桑原騭藏》，馮錦榮譯，原載《歷史研究》1991 年第 3 期，增訂稿收入《陳垣教授誕生百一十周年紀念文集》第 215 至 229 頁，暨南大學出版社 1994 年出版。日文本載於《史林》第 75 卷 4 期。

發表在《東方雜志》二十周年紀念號（1924 年 1 月）和《小説月報》第七號號外、《中國文學研究》下冊（1927 年 6 月）上。

四、木刻本：1934 年，作者將全書木刻出版，作爲《勵耘書屋叢刻》第一集的第一種。木刻本對排印本作了若干補充修改，將標點符號改爲斷句。此本在臺灣和大陸都有盜版。

五、1962 年修訂本：1962 年，中華書局擬將此書重新排印出版，作者對木刻本内容没有增删，只是對個别提法作了删改。如卷四《文學篇》第一節《西域之中國詩人》，作者在引迺賢《新鄉媪》詩後所作解釋，原作"第二截寫資本主義之壓迫"，改爲"第二截寫豪門勢力之壓迫"等。可能因爲西北問題當時爲政治上之敏感問題，出版未果。這次重排，采用作者 1962 年修訂本，對個别標點符號作了修改。

二〇二五年十一月十二日是陳垣先生一百四十五周年誕辰，亦逢《陳垣全集續集》出版，本書的出版，也是對他的很好紀念。

二〇二五年三月於北京

重刻《元西域人華化考》序

陳寅恪

有清一代經學號稱極盛，而史學則遠不逮宋人，論者輒謂愛新覺羅氏以外族入主中國，屢起文字之獄，株連慘酷，學者有所畏避，因而不敢致力於史，是固然矣。然清室所最忌諱者，不過東北一隅之地、晚明初清數十年間之載記耳，其他歷代數千歲之史事，即有所忌諱，亦非甚違礙者，何以三百年間史學之不振如是，是必別有其故，未可以爲悉由當世人主摧毀壓抑之所致也。

夫義理詞章之學及八股之文與史學本不同物，而治其業者又別爲一路之人，可不取與共論。獨清代之經學與史學俱爲考據之學，故治其學者亦並號爲樸學之徒，所差異者，史學之材料大都完整而較備具，其解釋亦有所限制，非可人執一說，無從判決其當否也；經學則不然，其材料往往殘闕而又寡少，其解釋

1

尤不確定。以謹愿之人而治經學，則但能依據文句，各別解釋，而不能綜合貫通，成一有系統之論述；以夸誕之人而治經學，則不甘以片段之論述爲滿足，因其材料殘闕寡少及解釋無定之故，轉可利用一二細微疑似之單證，以附會其廣泛難徵之結論，其論既出之後，固不能犁然有當於人心，而人亦不易標舉反證，以相詰難。譬諸圖畫鬼物，苟形態略具，則能事已畢，其真狀之果肖似與否，畫者與觀者兩皆不知也。往昔經學盛時，爲其學者可不讀唐以後書，以求速效，聲譽既易致，而利祿亦隨之，於是一世才智之士能爲考據之學者，群舍史學而趨於經學之一途。其謹愿者既止於解釋文句，而不能討論問題；其夸誕者又流於奇詭悠謬，而不可究詰。雖有研治史學之人，大抵於宦成以後，休退之時，始以餘力肄及，殆視爲文儒老病銷愁送日之具，當時史學地位之卑下若此，由今思之，誠可哀矣。此清代經學發展過甚，所以轉致史學之不振也。

近二十年來，國人內感民族文化之衰頹，外受世界思潮之激盪，其論史之作漸能脫除清代經師之舊染，有以合於今日史學之真諦，而新會陳援庵先生之書，尤爲中外學人所推服，蓋先生之精思博識，吾國學者自錢曉徵以來未之有也。今復取前所著《元西域人華化考》刻木印行，命寅恪序之。寅恪不敢觀三代、兩漢之書，而喜談中古以降民族文化之史，故承命不辭，欲藉是略言清代史學所以不振之由，以質正於先生及當世之學者。至於先生是書之材料豐實，條理明辨，分析與綜合二者俱極其工力，庶幾宋賢著述之規模，則讀者自能知之，更無待於寅恪之贅言者也。

摯仲洽謂杜元凱《春秋釋例》本爲《左傳》設，而所發明，何但《左傳》。今日吾國治學之士競言古史，察其持論，間有類乎清季夸誕經學家之所爲者。先生是書之所發明，必可示以準繩，匡其趨向，然則是書之重刊流布，關係吾國學術風氣之轉移者至大，豈僅局於元代西域人華化一事而已哉。一千九百三十五年二月陳寅恪謹序。

卷一　緒論

一　元西域範圍

西域之名，漢已有之，其範圍隨時代之地理知識及政治勢力而異。漢武以前，大抵自玉門關、陽關以西，至今新疆省止，爲西域。其後西方知識漸增，推而至葱嶺以西，撒馬兒干、今俄領土耳其斯坦，及印度之一部，更進而至波斯、大食、小亞細亞，及印度全部，亦稱西域。元人著述中所謂西域，其範圍亦極廣漠，自唐兀、畏吾兒，歷西北三藩所封地，以達於東歐，皆屬焉。質言之，西域人者色目人也。不曰色目而曰西域者，以元時分所治爲蒙古、色目、漢人、南人四色，公牘上稱色目，普通著述上多稱西域也。陶宗儀《輟耕錄》卷一載蒙古七十二種，色目三十一種，漢人八種，錢大昕《元史氏族表》譏其重複訛舛，惜無他書是正。然借此可略知元時蒙古、色目之

1

別，又可知元時所謂漢人、南人者，以金宋疆域爲判，故契丹、女直、高麗稱漢人。據《元史·選舉志》，又以平定先後爲判，故雲南、四川，亦稱漢人，而江浙、湖廣、江西三行省，及河南行省中之江北、淮南諸路稱南人。所謂江浙者，包含今閩、浙，江西含今贛、粵，湖廣含今湘、黔、桂，江北、淮南含今蘇、皖、鄂。當時鄉會試，蒙古、色目爲右榜，漢人、南人爲左榜。《元史》列傳編纂法，亦蒙古、色目爲一類，漢人、南人爲一類。其有色目人因戴漢姓而誤置於漢人、南人之列，如趙世延、郝天挺者，史臣失檢也。趙翼《陔餘叢考》十四、《廿二史劄記》二九謂"列傳三十一二卷已載元末死事諸臣余闕等，而三十三卷以後又以開國諸臣耶律楚材等編入，前後倒置，係分二次進呈，未將前後兩書重加編訂"云，其説非也。以錢大昕《十駕齋養新錄》卷九、《廿二史考異》九七所説爲是。

本編所論，既限於元西域，故蒙古、契丹、女直諸族不與，亦以蒙古等文化幼稚，其同化華族不奇，若日本、高麗、琉球、安南諸邦，則又襲用華人文字制度已久，其華化亦不奇。惟畏吾兒、突厥、波斯、大食、叙利亞等國，本有文字，本有宗教，畏吾兒外，西亞諸國去中國尤遠，非東南諸國比，然一旦入居華地，亦改從華俗，且於文章學術有聲焉，是真前此所未聞，而爲元所獨也。徐燉序《元人十種詩》曰："天錫、易之，崛生窮發不毛之域，流商刻羽，含英咀華，駸駸闖作者之室，豈非奇渥溫氏帝天下，而風會極一時之盛歟！"天錫者，薩都刺；易之者，迺賢也。是不可以不記。

二 元時西域文化狀況

未言西域人華化之先，不可不知元時西域人文化之狀況。元時西域文化，本由祆教而佛教，而景教，而回教，更唱迭和，浸淫濃鬱者數百年，最後役於西遼，受大石林牙之漢化，耳濡目染者又近百年。當元人未據西域之先，大石林牙已將漢族文明炫耀於中亞大陸，耶律楚材《懷古百韻》有"後遼興大石，西域統龜茲。萬里威聲震，百年名教垂"之句，注："大石林牙克西域數十國，幅員數萬里，傳數主，凡百餘

3

年，頗尚文教，西域至今思之。"見《湛然居士集》十二。西遼五主，凡八十八年，皆有漢文年號，可知其在西域，必曾行使漢文。東歐人至今稱中國為契丹，亦始於此際，猶之耶律楚材、丘處機等游記，統稱西域為回紇，皆以其所與接觸者舉近概遠也。西域人既雜受印度、猶太、波斯、希臘、亞剌伯諸國之文明，復曾睹中國文明之一綫，其渴望身親見之之情可想也。元軍先定西域，後下中原，西域人之從軍者、被虜者、貿易者，接踵而至，平昔所想望之聲明文物，盡觸於目前，元制色目人又自由雜居，故一傳再傳，遂多敦詩書而説禮樂。兹編之作，正所以著其盛也。

三　華化意義

至於華化之意義，則以後天所獲，華人所獨者為斷。故忠義、孝友、政治、事功之屬，或出於先天所賦，或本為人類所同，均不得謂之華化。即美術、文學，為後天所獲矣，而其文學為本國之文學，或其美術非中國之美術，亦只可謂之西域人之文學、西域人之美術，不得謂之西域人之中國文學、西域人之中國美術。又有西域人久居漢地，歸化中國，然不能於漢族文化中有特別可紀，如《漢書·地理志》上郡有龜茲縣（今陝西榆林縣）。師古曰："龜茲國人來降附者，處之於此，故以名云。"又《開元釋教錄》第二《優婆塞支謙傳》："支謙，大月支人，祖父法度，以漢靈帝世，率國人數百名歸化。"又《漢書·西域傳》溫宿國條下，師古曰："今雍州醴泉縣北，有山名溫宿領者，本因漢時得溫宿國人，令居此地田牧，因以爲名。"凡此種種，可見西域人歸化中國之事，古所恒有，特其人不能於中國文化有所表見，亦無足述。又有嫻習華言，博綜漢典，如《高僧傳》中之西域翻經沙門，及明末清初之耶穌會士，可以謂之華學矣，然不得謂之華化。今特舉元以前華化者數人爲例。

四 西域人華化先導

李彥昇　安世通　蒲壽宬

元以前西域人仕中國者多武人，以文事著者絶少。回教人著述有以米芾爲回回人者，以尚無確據，

5

姑置之，而論其有確據者。唐末有大食國人李彥昇，李彥昇純漢姓名，睹其名即知其受華化已深矣。《文苑英華》三六四辯論文，有一篇曰《華心》，爲陳黯作。華心者，人非華而心則華也。文曰：

大中初年，大梁連帥范陽公，得大食國人李彥昇，薦於闕下。天子詔春司考其才，二年，以進士第名顯，然常所賓貢者不得擬。或曰："帥受命於華君，仰祿於華民，其薦人也，則求於夷，豈夷人獨可用邪！"曰：帥薦才不私其人也，苟以地言，則有華夷，以教言，亦有華夷乎！夫華夷者辨在心，辨心在察其趣嚮。有生於中州，而行戾乎禮義，是形華而心夷也；生於夷域，而行合乎禮義，是形夷而心華也。若盧綰、少卿之叛亡，其夷人乎！金日磾之忠赤，其華人乎！繇是觀之，皆任其趣嚮耳。今彥昇來從海外，能以道祈知於帥，帥故異而薦之，以激夫戎狄，俾日月所燭，皆歸於文明，蓋華其心而不以其地而夷焉。作《華心》。

大梁連帥范陽公，汴州刺史、宣武軍節度使盧鈞也。鈞嘗爲嶺南節度，嶺南蕃坊多大食國人，故鈞得識李彥昇而薦之。詔春司考其才，以進士第名顯，是所試者爲唐試進士法。彥昇之才，必通《五經》而明時務也，以唐試進士有時務策、有《五經》故。唐時太學，本許外夷子弟入學，然未聞西域子弟有以華學名，諸夷蕃將尉遲勝、哥舒翰等之子弟，亦未聞有以華學名。若尉遲樞之能爲《南楚新聞》，尉遲偓之能爲《中朝故事》，已絕無僅有。故盧鈞之舉李彥昇，時人以爲奇，而陳黯乃爲文釋之也。

宋末有安世通，安世通疑爲安息人。以安息人而入青城山學道，不可謂之不奇也。《宋史·隱逸傳》有《安世通傳》，曰“青城山道人安世通者，本西人。其父有謀策，爲武官，數以言干當路，不用，遂自沈於酒而終。世通亦隱居青城山中不出。吳曦反，乃獻書於成都帥楊輔曰：‘世通在山中，忽聞關外之變，不覺大慟。世通雖方外人，而大人先生亦嘗發以入道之門。竊以爲公初得曦檄，即當聚官屬軍民，興仗義之師，以順討逆，而士大夫皆酒缸飯囊，不明大義，徒爲婦人女子之悲，所謂停囚長智也。區區行年五十二矣，古人言可以生而生，福也，可以死而死，亦福也，決不忍污面戴天，同爲叛民也。'輔有重名，蜀中士大夫多勸以舉義，而世通之言尤切至。輔不能決，遂東如江陵，請吳獵舉兵討曦。未幾曦敗，獵使蜀薦士，以世通爲首"云。

吳曦之叛，在開禧二年。安世通不肯附曦，而爲忠義憤發之論，實難能可貴。然此不得謂之華化，今所取者，取其能以西人而入道，純全中國化也。何以疑安世通爲安息國人？漢時譯經者有安世高，名安清，安息國王太子，西方賓旅，呼爲安侯，見《開元釋教錄》卷一。以國爲姓，自昔然也。支謙爲月支國人，竺法蘭爲中天竺國人，安世與安息音相近，安世通其一例歟。"可以生而生，可以死而死"二語出《列子·力命篇》。安世通蓋深於莊、列之旨者矣。

宋末又有蒲壽宬。壽宬西域人，爲泉州市舶使蒲壽庚之兄。工詩，知梅州，有惠政。《光緒嘉應州志》十九引舊志云："蒲壽宬，咸淳七年知梅州，一毫無取於民，居處飲食儉約。見曾井遺澤在民，遣人還籍取家資，建石亭其上，日汲井水二瓶，置諸公堂，欲常目之而踵其武也。州進士楊圭題其梁曰：'曾氏井泉千古洌，蒲侯心地一般清。'今祀名宦祠。"

曾井者，南漢時程鄉令曾芳所遺之井。壽宬景仰流風，思則效之，而州人深許其能媲美也。循吏可貴，然亦不得謂之華化。今所取者，取其能以西域人而工中國之詩，純華化也。壽宬有《心泉學詩稿》，已佚，清人在《永樂大典》中輯爲六卷，余家藏有寫本，《四庫提要》別集類十八稱"其詩沖澹閑遠，在宋、元之際，猶屬雅音"。西域中國詩人，元以前唯蒲氏一家耳。今《彊村叢書》有《心泉詩餘》一卷，即《四庫全書》本附於《心泉學詩稿》末者。明人著述，對壽宬兄弟多致微詞，《弘治八閩通志》八六云：

> 宋季益廣二王從福州航海幸泉州，守臣蒲壽庚拒城不納。壽庚武人，其計皆兄壽宬所籌畫。部署既定，壽宬着野服，隱法石山中，自稱處士，示不臣二姓之意。忽二書生踵門求謁，閽人以處士晝寢，弗爲白，遂各賦詩一首。其詩曰："梅花落地

點蒼苔，天意商量要入梅。蛺蝶不知春去也，雙雙飛過粉墙來。""劍戟紛紛扶主日，山林寂寞閉門時。水聲禽語皆時事，莫道山翁總不知。"書畢，不著姓名而去。

曹學佺《泉州府志勝》卷五、《乾隆福建通志》六六、《泉州府志》七五均有同樣記載。其詞旨雖譏壽宬，然壽宬之能詩，反於此可證，使壽宬而不知詩，雖刺之何益。《閩書》一五二及《心史》，記壽宬兄弟事頗詳；《日知錄》十三、《鮚埼亭外集》三三，均有貶壽宬語。然吾據丘葵《釣磯詩集》，將爲壽宬訟冤。丘葵者，宋末泉州人，呂大圭弟子。大圭死於蒲壽庚之難，而葵《釣磯詩集》卷三有與壽宬倡和詩，卷四復有《挽心泉蒲處士》詩二首，云：

把釣秋風辱贈詩，傷心無路送靈輀。欲書誄語應難盡，獨倚寒梅照石漪。

欲持雞絮列墳前，俗了青霞頂上仙。只合化爲溪畔鷺，乘風飛去弄清泉。

是葵對壽宬始終無異詞，所謂“水聲禽語皆時事，莫道山翁總不知”者，特《春秋》責備賢者之意耳。近日本桑原騭藏氏考壽庚事極詳盡，見《史學雜志》廿六、七編。《四庫提要》謂壽宬之名不見於史，不知《元史·世祖紀》至元十三年二月辛酉條下，大書伯顏遣不伯、周青招泉州蒲壽庚、壽宬兄弟也。安世通爲青城山道人，蒲壽宬爲法石山處士，南宋兩西域人，足開有元一代西域人華化之先聲矣。西域之範圍明，華化之意義定，可以進言元西域人之如何華化。

卷二　儒學篇

一　西域人之儒學

高智耀	廉希憲	不忽木
巎巎（慶童）	沙班	泰不華
回回	伯顏師聖	欣都
也速答兒赤	丁希元	家鉉翁

儒學爲中國特有産物，言華化者應首言儒學。元初不重儒術，故南宋人有九儒十丐之謠，然其後能知尊孔子，用儒生，卒以文致太平，西域諸儒，實與有力。其最先以儒術説當世者爲高智耀，《輟耕録》卷二高學士之條云："國朝儒者，自戊戌選試後，所在不務存恤，往往混爲編氓。至於奉一札十行之書，崇學校，獎秀藝，正户籍，免徭役，皆翰林學士高公奏陳之力也。公河西人，今學校中往往有祠之者。"

戊戌爲元太宗十年。據《元史·太宗紀》及《選舉志》，太宗九年八月下詔考試諸路儒士。蓋詔下於九年八月，而選試於十年戊戌也。《元史·高智耀傳》："智耀世仕夏國，登本國進士第。夏亡，隱賀蘭山。皇子闊端鎮西涼，儒者皆隸役，智耀謁藩邸，言儒者給復已久，一旦與廝養同役，非便，請除之。皇子從其言。"是智耀爲儒者盡力之第一次。

"憲宗即位，智耀入見，言：'儒者所學堯、舜、禹、湯、文、武之道，自古有國家者，用之則治，不用則否。宜蠲免徭役以教育之。'帝問：'儒家何如巫醫？'曰：'儒以綱常治天下，豈方技所得比。'帝曰：'善。前此未有以是告朕者。'詔復海內儒士，徭役無有所與。"是智耀爲儒者盡力之第二次。

"世祖即位召見，又力言儒術有補治道，反覆辯論，辭累千百。帝異其言，鑄印授之，命凡免役儒戶，皆從之給公文爲左驗。時淮、蜀士遭俘虜者皆没爲奴，智耀奏言：'以儒爲驅，古無有也。陛下方以古道爲治，宜除之以風厲天下。'帝然之，即命循行郡縣區別之，得數千人。貴臣或言其詭濫，帝詰之，對曰：'士譬則金也，金色有淺深，謂之非金不可，才藝有淺深，謂之非士亦不可。'帝悦。"是智耀爲儒者盡力之第三次。

智耀姓高，非漢姓。其孫納麟，《元史》一四二別有傳，不戴高姓也。五代而後，河西陷西夏者二百年，諸羌雜處，元人謂之唐兀氏，爲色目之一種。《元史》卷一一八至一四五，爲蒙古、色目人列傳，卷一四六至一八八，爲漢人、南人列傳。高智耀傳在卷一二五，固明示其爲色目而非漢人也。智耀雖色目人，然西夏夙習漢化，廟祀孔子，智耀之尊儒，不足爲異。王惲《秋澗集》八六有彈高智耀狀，言："智耀事佛敬僧，乃其所樂，迹其心行，一有髮僧耳。"是智耀固儒而釋者，不純爲儒也。

西域人純爲儒者有廉希憲。希憲，畏吾兒氏，史稱其篤好經史，手不釋卷。一日方讀《孟子》，聞召急懷以進。世祖問其説，以性善、義利、仁暴之旨對，世祖嘉之，目曰廉孟子。歲甲寅，世祖以京兆分地，命希憲爲宣撫使。希憲日從名儒若許衡、姚樞輩，咨訪治道，首請用衡提舉京兆學校，衡之應召，自此始也，而希憲實爲舉主。國制，爲士者無隸奴籍，京兆多豪强，廢令不行。希憲至，悉令著籍爲儒。己未，世祖渡江取鄂州，希憲引儒生百餘，拜伏軍門，言：「今王師渡江，凡軍中俘獲士人，宜官購遣還，以廣異恩。」世祖納之，還者五百餘人。時方尊禮國師，帝命希憲受戒，對曰：「臣受孔子戒矣。」帝曰：「孔子亦有戒耶？」對曰：「爲臣當忠，爲子當孝，孔子之戒，如是而已。」

希憲事迹，詳《元史》一二六本傳、《元名臣事略》卷七及元明善所爲希憲神道碑（見《元文類》六五）。元色目人中，足稱爲理學名臣者，以希憲爲第一。希憲係出畏吾兒，去中原益遠，較高智耀之係出唐兀，其沾被華化倍難。然希憲篤信好學，過於智耀，斯爲可貴。

希憲而後有不忽木。不忽木世爲康里部大人，《元史》廿四《仁宗紀》謂不忽木爲蒙古人者，以其全部曾被虜於蒙古，給事東宮也。不忽木師事太子贊善王恂，恂從北征，乃受學於國子祭酒許衡，衡亟稱之，謂必大用於時，名之曰時用，字之曰用臣。至元十三年，與同舍生堅童、太答、禿魯等上興學疏，凡千

15

言，力言儒學之要，規畫學校制度及考試之法甚備。文詳《元史》一三〇本傳。趙孟頫爲《文貞康里公碑》（見《松雪齋集》卷七），言："上每與公論古今成敗之理，謂公曰：'曩與許仲平論治，仲平不及汝遠甚。先許仲平有隱於朕耶？抑汝之賢過於師耶？'"可見世祖目中之不忽木，固超過許衡也。康里在元時，爲术赤所封地，在今日爲南俄，其地去中原又比畏吾兒爲遠，而其人能崇儒重道若此，是真可驚異者矣。

不忽木之子爲巎巎。巎巎幼肄業國學，博通群籍，其正心修身之要，得諸許衡及父兄家傳。既以重望居高位，四方士大夫翕然宗之。《元史》一四三本傳有愛儒答問一則，備錄如下：達官有怙勢者，言曰："儒有何好，君酷愛之？"巎巎曰："世祖以儒足以致治，命裕宗學於贊善王恂。今秘書所藏裕宗仿書，當時御筆，於學生之下，親署御名習書謹呈，其敬慎若此。世祖嘗暮召我先人坐寢榻下，陳説《四書》及古史治亂，至丙夜不寐。世祖喜曰：'朕所以令卿從許仲平學，正欲卿以嘉言入告朕耳。卿益加懋敬，以副朕志。’今汝言不愛儒，寧不念聖祖神宗篤好之意乎？且儒者之道，從之則君仁、臣忠、父慈、子孝，人倫咸得，國家咸治；違之則人倫咸失，家國咸亂。汝欲亂而家，吾弗能御，汝慎勿以斯言亂我國也。儒者或身若不勝衣，言若不出口，然腹中貯儲有過人者，何可易視也。”達官色慚。巎巎之丰儀可見矣。

巎巎之後，康里氏之崇儒術者有慶童。《兩浙金石志》十八、《越中金石記》卷十有紹興路儒學教授朱鐔所爲《御史大夫康里公勉勵學校記》，碑陰題名，多西域人之官斯土者，凡此皆足爲西域人熱心儒學之一證。

然此皆西域人之握政權者耳，有離却政權而特注意於社會教育者，沙班也。沙班色目人，居杭州，字子中，舉進士，授建安經歷。吳克恭《寅夫集》有《送沙子中經歷建寧》詩。沙班既致仕，乃熱心興學，劉基《誠意伯集》卷四有《沙班子中興義塾詩序》，云：“至正十一年春，沙班子中來，言曰：‘杭於江南，視他郡爲大，民多而儒少，豈教育之未至乎！吾嘗得隙地於慶遠，願築室以爲義學，招子弟以教。'余聞而嘆曰:'方今天下郡縣無不有學,名山古迹,又有書院,咸設學官。杭之城郡縣學及書院凡四處,生徒蟻集,省憲臨焉,又何俟於子之室乎!'子中曰:'噫!是子不知余也。子以爲予之學,猶官之學歟?非也。予請爲子言學。夫學也者,學爲聖人之道也,學成而以措諸用,故師行而弟子法之。今之學主以文墨爲教,弟子上者華而鮮實,下者習字畫以資刀筆,官司應酬廩粟之外,無他用心,其亦異乎予之所欲爲者乎!夏之校,殷之序,周之庠,吾不得而見之矣,而有志焉。吾固將以盡吾心,終吾年,縱不能行於今,庶幾或垂於後。'予聞而壯之,書其言以爲序。"沙班之志,蓋不滿意於官學之專爲利祿,而欲獨創一正誼明道之私學,以行其素志,中國之學者未能或之先也。

宋、元以來,中國儒學史上,有所謂理學或稱道學之一派,吾不知其稱名當否,然其實確與漢、唐以來之儒學不同,蓋儒學中之雜有道家及禪學之成分者也。元儒學既有此一派,吾言西域人之儒學,不可不於此求之,則《宋元學案》有二人焉,曰趙世延,曰泰不華。世延，雍古部人，基督教世家，爲榘庵同調，列卷九五蕭同諸儒學案中，吾以其晚年好道，於《佛老篇》論之，今先論泰不華。《元史》一四三本傳：「泰不華，字兼善，伯牙吾臺氏。初名達普化，文宗賜以今名。世居白野山，父塔不臺，歷仕臺州録事判官，遂居於臺。家貧好讀書，能記問，集賢待制周仁榮養而教之。年十七，江浙鄉試第一，明年至治元年，進士及第，授集賢修撰。」先是廷試第一皆國人，泰不華既以第一及第，故或稱爲蒙古人，其實伯牙吾臺，是色目之一，非蒙古。錢大昕《元史氏族表》，泰不華列色目表，不列蒙古表，是也。至正元年，泰不華除紹興路總管，行鄉飲酒禮，教民興讓，越俗大化，禮讓者中國人所以化西北強悍之族，而泰不華乃以化越人，奇也。泰不華爲本心門人，《宋元學案》列卷八一北山四先生學案中。《元史》一九〇《周仁榮傳》稱仁榮所教弟子多爲名人，而泰不華實爲進士第一，其引重可知也。泰不華雖書生，然膂力過人，猶有西北方氣概。當其守臺州也，方國珍降而復叛，泰不華乘潮而前，搏敵船，射死五人，敵躍入船，復斫死二人。敵舉槊來刺，輒斫折之，敵群至，欲抱持過船，泰不華瞋目叱之，脱起奪敵刀，又殺二人。敵攢槊刺之，中頸死，植立不仆。年四十九，時至正十二年壬辰三月也。劉基爲賦吊之，見《誠意伯集》卷九。楊維楨《挽達兼善詩·注》，則謂其辛卯八月歿於南洋，傳聞異詞也。延祐庚申，泰不華江浙鄉試第一，年十七，至正壬辰死節，年四十九，正符，辛卯則四十八耳，應以史爲正。史又稱："泰不華尚氣節，不隨俗浮沉。太平爲臺臣劾去相位，泰不華獨餞送都門外。太平曰：'公且止，勿以我累公。'泰不華曰：'士爲知己死，寧畏禍耶！'後雖爲時相擯斥，人莫不韙之。"曹安《讕言長語》卷下有泰不華佚事一則，亦足見其清節。云：元達不華爲臺州守，有所廉察。夜宿村家，聞鄰婦有娣姒夜績者，娣曰："夜寒如此，我有瓶酒在床下，汝可分其清者，留以奉姑，濁者吾與爾飲之。"姒如其言，起而注清者於他器，且曰："此達元帥也，吾等不得嘗矣。"娣曰："到底清邪！"遂笑而罷。不華聞之，未曙即去。其清節感人若此。惟泰不華者还，今無傳者，《元詩選·顧北集》僅録其詩，《元史》本傳只言事功，不言學業，《宋元學案》更疏略，僅綴拾本傳數語，無可考見。余在《滋溪文稿》二四發見蘇天爵有《與達兼善郎中書》，述《皇極經世書》之授受源流頗詳，知泰不華曾有志於邵子之學。時泰不華爲江浙行省左右司郎中，距死節之年，尚十餘歲，未知其後造詣何如也。書云：

君子之仕，固欲行其志也，然事之齟齬者，十常八九，欲舍而去之，不知者以爲忘斯世矣。閣下以進士得官二十餘年，始以文字爲執業，人則曰儒者也，及官風紀，屢行而屢止，孰知其志之所存乎。嚮諭印祝泌《皇極經世説》，謹裝潢納上。某嘗學於臨川吳先生（澄），聞其言曰："邵康節天人之學也，雖其子弗克傳焉。蜀人張行成蓋能得其仿佛，行成既没，其學又弗傳矣。祝泌生於宋季，所學者風角鳥占之術，特假皇極之名張大之耳。撫州人有傳其術者，睹物即知休咎，嘗欲以學授予，予弗從而止。"某又嘗學於太史齊公（履謙），每見公讀邵子書不去手。晚歲又釋外篇，令某傳錄，其言曰："皇極之名見於《洪範》，皇極之數，始於《經世書》，數非極也，特寓其數於極耳。《經世書》有內外篇，內篇則因極而明數，外篇則由數以會極，某嘗欲集諸家釋外篇者為一書，顧未能也。"又聞國初李微君俊民、李翰林治皆能通邵子之書，或言微君得於河南隱士荊先生，而翰林不知得於何人也。世廟在潛邸時，嘗召微君問之，微君既亡，復召翰林問之。以某觀之，二公不過能通其數耳，而康節之學，蓋未易言也。故曰欲知吾之學者，當於林下相從二十年，方可學也。因閣下求祝泌之書，偶言及此。

祝泌之書，今傳者有《觀物篇解》五卷，附《皇極經世解起數訣》一卷，清《四庫》著錄子部術數類。朱彝尊《經義考》又有泌所撰《皇極經世鈐》十二卷。未知泰不華所求及蘇天爵所與者何種，然天爵此書，實可補《宋元學案》之闕也。

西域儒者，廉希憲、不忽木，均曾從許衡游，而

《宋元學案》皆無傳。巎巎兄回回，字子淵，《元史》附《巎巎傳》，稱其“敦默寡言，嗜學能文。與弟巎巎皆爲時之名臣，世號雙璧”。而不言其學術。余在《吳文正集》廿二發見有《時齋記》，蓋澄爲回回作，而後知回回曾從澄游，好讀《易》，不止能文善書已也。記云：“康里子淵卜築於國子監之西，而名其齋居之室曰時，大矣哉時之義乎！昔先文貞公（不忽木）爲國名臣，從賢師知聖學，其行於身，施於家，發於事業，固已得中得宜而當其可矣。子淵淳正明敏，益之以平日家庭之所聞，衆人紛紛競進，而退然閑處，若無意斯世者。然苟所當辭，雖近而怯就，苟所當受，雖遠而勇去。所謂中，所謂宜，所謂可，蓋亦無忝於其先公，此所以名其齋室之意也。雖然，時之爲時，莫備於《易》，先儒謂之隨時變易以從道，夫子傳六十四象，獨於十二卦發其凡，而贊其時與時義時用之大。時之百千萬變無窮，而吾之所以時其時者一而已。子淵好讀《易》，予是以云。”回回不見《草廬學案》中，此文亦可補其闕。

《元史·儒學傳》尚有一西域儒學大師，《宋元學案》應爲立傳而遺之者，曰伯顏師聖。伯顏學無師承，崛起鄉里，講求實用，自成一家。譬之清儒，於顏元爲近，而魄力過之，所謂平民學者也。《宋元學案》中應補伯顏學案。惜乎其著述毀於兵燹，徒令人想望低佪而已，然百世之下，聞者莫不興起也。傳錄如下：

伯顏一名師聖，字宗道，哈剌魯氏，世居開州濮陽縣。六歲從里儒授《孝經》《論語》，即成誦。蚤喪父，其兄曲出買經傳等書以資之，日夜誦不輟。稍長，受業宋進士建安黃坦，坦曰："此子穎悟過人，非諸生可比。"因命以顏爲氏，且名而字之焉。久之，坦辭曰："余不能爲爾師，群經有朱子說具在，歸而求之可也。"伯顏自弱冠即以斯文爲己任。其於大經大法，粲然有睹，而心所自得，每出於言意之表。鄉之學者來相質難，隨問隨辨，咸解其惑。於是中原之士聞而從游者日益衆。至正四年，以隱士徵至京師，授翰林待制，預修《金史》。旣畢辭歸，四方之來學者至千餘人。蓋其爲學專事講解，而務眞知力踐，不屑事舉子詞章，而必期措諸實用。士出其門，不問知其爲伯顏氏學者。至於異端之徒，亦往往棄其學而學焉。十八年，河南賊蔓延河北，伯顏將結其鄉民爲什伍以自保，而賊兵大至，伯顏乃渡漳北行，邦人從之者數十萬家。至磁，與賊遇，賊知伯顏名士，生劫之，不屈，與妻子俱死之。年六十有四。有司上其事，謚文節。太常謚議曰：“以城守論之，伯顏無城守之責；以風紀論之，伯顏無在官之責。以平生有用之學，成臨義不奪之節，乃古之所謂君子人者。”時以爲確論。平生修輯《六經》，多所著述，皆毀於兵。

凡此皆可稱爲西域理學名儒也。

當科舉之初興也，蒙古、色目人即有應試者，可知其讀書實在未興科舉以前。延祐二年，舉行第一次進士，胡長孺有《送欣都、朱、盧、饒諸生會試京師詩序》，見《水東日記》十二，其文曰：“皇帝龍飛御天之三年，十有一月，詔天下郡縣，興賢者能者。明年行江浙中書省試士錢唐，凡一千二百有奇。九月辛未，列合格名士里寓於書，上丞相府，蒙古、色目五人，欣都舉首，江浙閩二十八人，朱嶸第九，盧可繼第二十一，江西行省試士南昌，饒扐第七。四人者嘗授經永康胡長孺，故欣都生之行也，長孺係以詩而叙之。"

揭傒斯《文安公集》卷九有《送也速答兒赤序》。也速答兒赤，亦事科舉者。其文曰："至元初，從軍襄樊有抄兒赤者，合禄魯人也，以功爲千夫長。抄兒赤傳禿魯罕，禿魯罕傳禿林臺，三世皆戍建昌，而三世皆賢。禿林之子也速答兒赤，從郡人李宗哲學進士業有聲。今年夏，從其婦翁增城左君至京師，拜余程文憲公故宅，貌粹而氣和，才清而志銳，他日必爲明進士。然君子之學，非所以爲富貴利達之謀也，所以進其德而達其才者也，故其學不止於爲進士。子歸第務學焉，勿以科舉廢興爲去就。"

鄭元祐《僑吳集》卷八有《送丁希元序》，曰："淮西公告老於朝，天子不允，召拜翰林學士。於是公乘傳入覲，而以其甥丁希元從。公與希元皆斡端（于闐）國人，斡端與國朝地若犬牙錯列，去江浙二萬餘里。希元初侍其親，讀書江浙間，稽經質疑，問學大備，使對策大廷，其取必右選，若探囊發所素有。會舉選暫罷，人惜其學成而時違，而不知其蘊用以俟時也。"

由此可見色目人之讀書，大抵在入中國一二世以後。其初皆軍人，宇內既平，武力無所用，而炫於中國之文物，視爲樂土，不肯思歸，則惟有讀書入仕之一途而已。

陸文圭《墻東類稿》卷六有《送家鉉翁序》，言色目人初入仕，有司事不素講，莫諧士論，猶可見西域人改從華俗之迹。曰："五方之人，言語不通，嗜欲不同，性善則一。先皇帝武定內難，文致太平，舉中原百年之曠典，天下之士，雷動響應，殊方異俗，釋（棚）〔捐〕掉甲，理冠帶，習俎豆，來游來歌，莫不洗滌，思奉明詔，立躋膴仕。然有司事不素講，學識淺陋，莫諧士論。家君鉉翁畏吾兒氏，其先居北庭，脫脫太師寧國公之裔孫。幼穎悟，自命不凡，脫去紈袴習，修孔氏之業，讀文公之書，應江浙進士舉及

27

格，閩憲聞其才而辟之。泰定三年丙寅，余自暨陽出應容山縣聘，授生徒於學。君至縣，一見握手如舊交，相與道家世出處本末，慨然久之。君貌巖巖，美髯如戟，神采逼人，必能曉暢官事，年富氣銳，功業未可量。余老，惜不及見之。"

家鉉翁爲畏吾兒氏，與宋使臣被留於元之家鉉翁，號則堂，《元文類》三八錄其《中州詩集跋》者，另一人。陸文圭稱其美髯如戟，神采逼人，想猶是色目人習氣。其相見即道家世出處本末，想猶念念其爲色目人，而以能修孔氏之業自慰也。此亦可稱西域人之儒學也。

二　基督教世家之儒學

馬祖常　闊里吉思

上章所舉，爲普通西域人之儒學，其人本身或先世信仰何教，未能確指也。今有可以確證其人本身或先世信仰他教，而改奉儒教或服膺儒教者，請先論基督教。

元代版圖最廣，括有中亞細亞全部，故當時回教各國，及基督教、摩尼教流行之地多隸之。種人來往頻繁，散居中國內地者衆，久而信仰改宗之事遂不可掩。其最著者爲基督教世家馬祖常也。

元時典籍無基督教之名，其稱也里可溫者，即指基督教各派也。説詳拙著《元也里可溫考》。顧何以知馬祖常爲也里可溫世家，吾友張君星烺近譯注《馬可孛羅游記》，舉出三證，定馬祖常爲基督教：一、凡《元史》中雍古部人傳，每多基督教徒之名，祖常爲雍古部人；二、馬祖常所作其曾祖月合乃神道碑，敘述家世人名，漢式名二十五，蒙古名一，基督教徒名十有四；三、月合乃祖名把造馬野禮屬，此名基督教聶思脱里派中尤多見之。説詳《馬可孛羅游記》卷一第五十九章附注。余於張君所舉三證之外，發見更有力之證據五：

一、楊維楨《西湖竹枝集·馬祖常小傳》云："馬雍古祖常，字伯庸，浚儀可溫氏。"浚儀者開封，可溫者，也里可溫之省文或脱文無疑也。

二、黄溍《金華文集》卷四三《馬氏世譜》，祖常有族祖名奧剌罕，揚子縣達魯花赤。據《至順鎮江

29

志》卷十六："丹徒縣達魯花赤馬奧剌憨（《康熙志》
誤作悠），也里可温人，元貞二年六月至。"其與奥剌
罕同爲一人，先後爲揚子、丹徒兩縣達魯花赤，無疑
也。奥剌罕爲也里可温，祖常當然爲也里可温。

三、《馬氏世譜》，祖常又有從諸父名世德，以國
子生擢進士第，由監察御史遷中書檢校官。據余闕
《青陽集》卷三《合肥修城記》云："馬世德，字元
臣，也里可温人。由進士第歷官中書檢校。"即此人
也。世德爲也里可温，祖常當然爲也里可温。

四、元也里可温，大概包涵羅馬、希臘、聶思脱
里各派。馬祖常之先究屬何派，據《馬氏世譜》開宗
明義第一句即云："馬氏之先，出西域聶思脱里貴族，
始來中國者和禄采思。"則馬祖常之先，也里可温中
之聶思脱里派，而又嘗掌高等神職者也。

五、更有一事，富有宗教意味。元好問《遺山
集》二十七，有《恒州刺史馬君神道碑》，馬君即祖常
之高祖。碑云："君諱慶祥，字瑞寧，姓馬氏，以小字
習里吉斯行，出於花門貴種。宣、政之季，與種人居
臨洮之狄道，蓋已莫知所從來矣。金兵略地陝右，盡

室遷遼東，因家焉。太宗嘗出獵，恍惚間見金人挾日而行，心悸不定，莫敢仰視，因罷獵而還。敕以所見者物色訪求，或言上所見殆佛陀變現，而遼東無塔廟，尊像不可得，唯回鶻人梵唄之所有之。因取畫像進之，真與上所見者合。上歡喜讚嘆，爲作福田以應之。凡種人之在臧獲者，貰爲平民，賜錢幣縱遣之。君之祖諱迭木兒越哥，父把騷馬也里黜，又遷靜州之天山。天山占籍，今四世矣。"《金史》一二四《馬慶祥傳》即采此。此文極有宗教意味。當未解釋此文之先，余有一聲明，吾國學者，對於外來宗教，每辨別不清，以甲作乙，如顧炎武之以摩尼爲回教（《日知錄》廿九），杭世駿之以回教爲景教（《道古堂集》廿五）是也。元好問生金、元間，亦何能逃此例。曰"出於花門貴族"，即誤以聶思脫里爲回鶻，不若黃溍《馬氏世譜》之明瞭矣。回鶻自唐以來崇奉摩尼，摩尼禮拜之所恒有像設，今曰"尊像不可得，惟回鶻梵唄之所有之"，則又以聶思脫里爲摩尼矣。然有像不獨摩尼，聶思脫里亦有之，《景教碑》述貞觀詔，所謂"遠將經像，來獻上京"者是也。金太宗所遇，與

《新約·使徒行傳》九章三節保羅所遇相類，固明明基督教影響也。好問曾續《夷堅志》，故於此等神話，靡靡道之。以此而言，馬祖常之爲基督教世家，毫無疑義。

據《馬氏世譜》，和禄采思於遼道宗咸雍間（西一〇六五至一〇七四）來中國，道宗官之，不就，遂家臨洮。二世始仕遼爲馬步軍指揮使。三世當宣、政之季，被金兵擄至遼東，久之因獻像事，被釋放，遷靜州之天山。四世即習禮吉思馬慶祥，始仕金爲鳳翔兵馬判官，遷浚都，遂爲汴人。五世月合乃，仕元爲禮部尚書，是爲祖常之曾祖。二世、四世均官名有馬，故《馬氏世譜》及《元史·月乃合（應作合乃）傳》謂馬氏始於二世，而《禮部尚書馬公神道碑》及蘇天爵《馬文貞公墓志》（《滋溪文稿》卷九），則謂馬氏始於四世也。

馬祖常之家世既明，可進言馬祖常之儒學。馬祖常非出自中國，本人並不以爲諱，且津津樂道之，故其爲《馬公神道碑》，則云："我曾祖尚書世非出於中國，而學問文獻，過於鄒魯之士，俾其子孫百年之間，革其舊俗。"其爲銘又有云："懿矣我祖，百年於茲，衣冠之傳，實爲啓之。世多王公，亦多華靡，惟不革俗，而忽其圮。"則其厭惡舊俗傾慕華俗之情，概可見矣。《石田集》卷一又有《飲酒詩》六首，其第五首云：

昔我七世上，養馬洮河西，六世徙天山，日日聞鼓鼙。金室狩河表，我祖先群黎，詩書百年澤，濡翼豈梁鸊。嘗觀漢建國，再世有日磾，後來興唐臣，胤裔多羌氐。《春秋》聖人法，諸侯亂冠笄，夷禮即夷之，毫髮各有稽。吾生賴陶化，孔階力攀躋，敷文佐時運，爛爛應壁奎。

以日磾、羌氐自擬，以夷狄進於中國自慰，以得受孔道陶化爲幸，以努力攀躋孔階自矢，磊落光明，莫有倫比。而朋輩中之稱道之者，亦輒不忘其所自，而竭力揄揚之。文矩《子方集・送馬伯庸御史奉使關隴》起四句云"聖朝啓文運，同軌來無方，夫君起天關，崛起千仞翔"，明指其非出自中國也。許有壬

《至正集》四六《馬文貞公神道碑》亦云"公先世已事華學，至公始大以肆"，又云"部族有儒，文貞伊始"，又曰"後承聿修，講學諸夏"。王守誠爲《石田集序》，亦云"公係出西裔，斤斤於華學，於部族，於諸夏，而不能忘其非中國人"，深贊其能用夏變夷也。

惟馬氏既世奉基督，至何時始舍基督而歸儒，在祖常本身乎？抑祖常之先已有開其端者乎？是亦吾人所亟欲聞者也。據祖常所自述，及許有壬所稱道，馬氏之儒學，肇自祖常曾祖月合乃。復據袁桷所著祖常父《漳州路同知馬君神道碑》（《清容集》二六），則馬氏之儒學，成於祖常父馬潤，至祖常乃大以肆也。碑云："禮部尚書諱月合，植德秉志，贖士人之爲孥者，後皆爲達官，而子孫更業儒術，卒致光顯。禮部子諱世昌，傾貲粟結雋彥，家日困落，子孫益用儒自振。是生漳州諱潤，以文墨入官，守光州，取官粟之羨者，廣弟子員以食。光久爲用武地，司馬丞相生於光，公歲率諸生以祠，民始知爲儒以自重。"

又據蘇天爵所著祖常弟祖謙墓碣銘（《滋溪文稿》

十九）："祖謙母楊氏，生母李氏。"是祖謙爲祖常異母弟，而馬潤實有二妻也。祖常亦有二妻，蘇天爵《馬文貞公墓志》云"公娶索氏，次怯烈氏"。二妻爲基督教人所大戒，祀鬼亦爲基督教律所不容，而馬潤既有二妻，復率諸生祀司馬光之鬼，其悍然不守基督教律可知也。及至祖常，對於祠祭，更隨俗浮沉而無所忌，故《石田集》有《陪可用中議祠星於天寶宮詩》，其他類此者不一而足，蓋已蕩盡基督教之藩籬矣。袁桷《馬潤碑》三致意於馬氏子孫之用儒自振，必有所見而云然也。《馬氏世譜》叙和祿采思至祖常之子凡九世，祖常從諸父中尚有基督教徒之名，如岳難、雅古、保六賜之屬，至祖常同懷七人，則無一基督教徒名矣。其從昆弟中尚有一基督教徒之名，即蘇天爵《石田集序》所稱"公既没，其從弟察院掾易朔出公詩文若干篇"之易朔是也。由此種種精密觀察，尚可見祖常一家背基督歸儒之經過。其曾祖雖好儒術，尚未至於背基督，其父行則不然，其季父名節者，且入王屋山爲道士（詳《佛老篇》），是背基督當自其父行始，即《馬氏世譜》之七世也。八世至祖常，且特爲儒張目矣。《石田集》卷四有《蜀道士歸儒詩》，云：

青城羽客燒丹罷，要近東家問《六經》。却笑山陰痴道士，白鵝閑覓寫《黃庭》。

由此觀之，則其季父之爲道士，亦祖常所不悅。所謂士各有志，不能强同。馬氏一家，老輩皆奉基督，後生則爲道爲儒，分道揚鑣，可謂極信仰之自由者矣。

馬氏而外，基督徒之尊崇儒術者，有高唐王闊里吉思。闊里吉思本身爲基督徒，與馬潤、馬祖常之世代爲基督徒者不同。世代爲基督徒者其信仰屬於遺傳，吾謚之曰"世襲信仰"，世襲信仰非出於自由，唯自由信仰乃真信仰。闊里吉思之爲基督徒，屬於自由信仰者也。然在漢籍中實無左證。據近人之考察，則闊里吉思，即《馬可孛羅游記》之佐治王，其所據者爲見存羅馬之西紀一三〇五年（元大德九年）一月八日主教蒙哥未諾在燕京所發之《第一書》，其所述之信教佐治王地位事迹及卒年遺孤等，均與駙馬高唐王之闊里吉思相合。駐華東正教拍雷狄斯主教以《元史》本傳有"尚忽答的迷失公主，繼尚愛牙失里公主"之語，疑基督徒同時有二妻，爲不可解。張君星烺據《元文類》廿三閻復著《駙馬高唐忠獻王碑》，稱"忠獻王前尚皇姊忽答的美實，繼尚皇女愛失里"，知前尚之皇姊已死，後乃繼尚皇女，並非同時有二妻。《元史·闊里吉思傳》以閻復碑及劉敏中撰《駙馬趙王先德碑》爲藍本，碑見元刻本《中庵集》卷四（《四庫》本缺載）。趙王即闊里吉思子术安。碑稱："忠獻先尚主忽答的迷失，繼尚愛牙失里。一子术安，即趙王，繼出也。"《元史》删一"先"字，遂啓後人疑竇。然吾據閻復碑所述，闊里吉思之祖武毅王，則實有姬侍。日："初武毅未有子，公主爲進姬侍，以廣嗣續，鞠育之恩，不啻己出。"嗣續云云，正昔人多妻之唯一口實。然則闊里吉思之祖，尚非基督教徒。近人因闊里吉思爲汪古部長（即雍古），《元史》本傳載其兄弟姊妹又皆用基督教徒之名，其父愛不花，伯父君不化，又皆熱心之基督徒，遂斷定爲即《馬可孛羅游記》及蒙哥未諾《第一書》之佐治王，宜可信也。此節既明，則可以言闊里吉思之儒學。

據蒙哥未諾《第一書》，闊里吉思初信聶思脫里派之基督教，遇蒙哥未諾，始改信羅馬派，而其兄弟仍守聶思脫里派也。然閻復碑云："忠獻王生長北方，金革之用，固其所長，而崇儒重道，出於天性，興建廟學，裒集經史，築萬卷堂於私第，講明義理，陰陽術數，靡不經意。"《元史》本傳則據劉敏中碑稍易其詞，云："闊里吉思性勇毅，習武事，尤篤於儒術，築萬卷堂於私第，日與諸儒討論經史，性理陰陽術數，靡不該貫。"是闊里吉思既信基督，又好儒術也。蒙哥未諾書稱其曾於治所建聖堂，未識與閻復碑所謂"興建廟學"者是一是二。吾人於絕不相謀之中西記述，披挈而互勘之，偶有異同，其樂正無極也。閻復碑又稱："闊里吉思弟阿里八觩尚宗王完澤女奴倫公主，耽嗜儒術。"予近在《順治吉安府志》二五《儒行傳》又發見闊里吉思嘗從吉人吳鄩問《易》，足見史稱其"日與諸儒討論經史"一語，不爲虛譽。志云："吳鄩，永新人。宋末兵亂，避仇轉徙山西，改姓名張應珍。注《周易》，宗程、朱而不爲苟同。元駙馬都尉高唐郡王闊里吉思嘗從之質疑焉，爲刻其書於平陽路，且序其里居爲詳。"今《絳竹堂》《千頃堂書目》均有張應珍《周易注》十卷，《經義考》四四題爲吳鄹，疑即闊里吉思刻於平陽路者。鄹先改名張應珍，仕元爲秘書少監，大德九年復更姓名吳鄹，見《元秘書監志》九。闊里吉思從鄹質疑時，鄹固名張應珍也。闊里吉思之好儒學，又多一證。

三　回回教世家之儒學

贍思丁　　　　忽辛　　　　贍思（溥博）

勘實戴

回回教世家中有地位與闊里吉思相若，而崇儒好學，又復相類者，爲咸陽王賽典赤贍思丁。《元史》一二五本傳稱："贍思丁回回人，別庵伯爾之裔。其國言賽典赤，猶華言貴族也。至元十一年，拜平章政事，行省雲南。雲南俗無禮儀，男女往往自相配偶，親死則火之，不爲喪祭。無粳稻桑麻，子弟不知讀書。賽典赤教之拜跪之節，婚姻行媒，死者爲之棺椁奠祭，教民播種，爲陂池以備水旱。創建孔子廟、明倫堂，購經史，授學田，由是文風稍興。”

瞻思丁之爲回回教世家，《元史》已證明，不若闊里吉思、馬祖常等之史無明文，必須旁搜佐證。別庵伯爾者，猶言天使，蓋指摩訶末。劉郁《西使記》所謂“師名癖顔八兒，經文甚多，皆癖顔八兒所作”是也（《秋澗文集》九五）。闊里吉思封高唐王，瞻思丁封咸陽王。闊里吉思興建廟學，哀集經史，築萬卷堂，瞻思丁創建孔子廟，購經史，授學田，二人所爲，抑何類也。吾甚不解瞻思丁以摩訶末嫡裔，而尊崇孔子若是，史有溢詞，抑果實錄也？然雲南孔子廟，確爲瞻思丁所創建，瞻思丁卒後，廟田曾爲僧徒所奪，其子忽辛力爭之，事見《忽辛傳》（同卷），稱：“忽辛，大德九年改雲南行省右丞。先是，瞻思丁爲雲南平章時，建孔子廟爲學校，撥田五頃，以供祭祀教養。瞻思丁卒，田爲大德寺所有，忽辛按廟學舊籍奪歸之，乃復下諸郡邑，遍立廟學，選文學之士爲之教官，文風大興。”其父子媲美如此，此雲南人士所亟應記念者。今雲南回教徒甚衆，人皆知爲瞻思丁

40

所遺，孰知雲南孔教勢力之伸張，亦不出於孔子之徒，而爲別庵伯爾之裔贍思丁父子所引進也，此孔教徒所不及料者也。

尤可異者，《元史·儒學傳》有阿剌伯人贍思，爲元好問再傳弟子。以漢文著書十餘種，並文集三十卷，清初黃虞稷撰《千頃堂書目》時，諸書尚存，真元朝儒學之特色也。贍思係出大食，其爲回回教世家不必問。今節錄其本傳如下：

> 贍思字得之，其先大食國人。國既內附，大父魯坤，乃家真定。父斡直，始從儒先生問學。贍思生九歲，日記古經傳至千言。比弱冠，以所業就正於翰林學士承旨王思廉之門，由是博極群籍，汪洋茂衍，見諸踐履，皆篤實之學，故其年雖少，已爲鄉邦所推重。延祐初，詔以科第取士，有勸其就試者，贍思笑而不應。泰定三年，詔以遺逸徵至上都，時倒剌沙柄國，西域人多附焉，贍思獨不往見，倒剌沙屢使人招致之，即以養親辭歸。天曆三年，召入爲應奉翰林文字，賜對奎章閣，文宗問曰："卿有

所著述否？"明日，進所著《帝王心法》，文宗稱善。詔預修《經世大典》，以論議不合，求去。後至元二年，拜陝西行臺監察御史，即上封事十條，皆一時群臣所不敢言。戚里有執政陝西行省者，恣爲非道，贍思發其罪而按之，輒棄職夜遁。三年，除簽浙西肅政廉訪司事，以浙右諸僧寺私蔽猾民，有所謂道人、道民、行童者，類皆瀆常倫，隱徭役，使民力日耗，契勘嘉興一路，爲數已二千七百，乃建議請勒歸本族，俾供王賦，庶以少寬民力。朝廷是之，即著以爲令。贍思歷官臺憲，平反大辟之獄，先後甚衆，然未嘗故出人罪以市私恩。著《審聽要訣》。至正十年，召爲秘書少監，議治河事，皆辭疾不赴。十一年，卒於家，年七十有四。謚曰文孝。贍思邃於經，而《易》學尤深。至於天文、地理、鐘律、算數、水利，旁及外國之書，皆究極之。家貧，饘粥或不繼。其考訂經傳，常自樂也。

贍思著述，今存者有《河防通議》二卷（守山閣本），輯諸《永樂大典》。其所著《老莊精詣》《西國圖經》《西域異人傳》等，皆不可得見，徒令人想望其瑰異而已。

回回教中著名儒者，尚有丁鶴年。鶴年通《詩》、《書》、《禮》三經，以其晚而逃禪，詳《佛老篇》。名不甚著，而通《詩毛氏箋》，折衷以朱、呂之傳，發爲文辭，其光燁然者，有溥博。博字子淵，西域阿魯渾人，回回儒者也。見宋濂《鑾坡集》卷七《西域浦氏定姓碑文》。

又有勗實戴者，字士希，河南伊川鳴皋鎮回回炮手軍總管。以家財創立書院，十年始就。其子慕顏鐵木，復建稽古閣，貯書萬卷。延祐間詣京師，因集賢學士陳顥以聞，奉敕賜名伊川書院，令翰林直學士薛友諒撰文，集賢學士趙孟頫書之。此亦回回人之好儒學者也。《潛研堂金石文跋尾》卷十九，有《敕賜伊川書院碑跋》。

四　佛教世家之儒學

阿魯渾薩理

元時佛教世家，無過阿魯渾薩理。三世精佛學，父爲釋教總統，身受業於國師八思馬。以此世襲信仰，其思想宜不易動搖也，而抑知事實上不然。特患其不通中國之文，不讀中國之書耳，苟習其文，讀其書，鮮有不愛慕華風者。今將趙孟頫所爲《趙國公全公神道碑銘》（《松雪齋集》卷七）節錄如下。《元史》一三〇《阿魯渾薩理傳》即從此出者也。碑云：

　　太祖皇帝既受天命，略定西北諸國，回鶻最強，最先附。自是有一材一藝者，畢效於朝。至元、大德間，在位之臣，非有攻城野戰之功，而道包儒釋，學際天人，寄天子之腹心者，惟趙國文定公而已。公諱阿魯渾薩理，回鶻北庭人，今所謂畏吾兒也。以父字爲全氏。祖諱阿臺薩理，父諱乞臺薩理，早受浮屠法於智全末利可吾坡地沙，圓通辯悟，當時咸推讓之。生公兄弟三人，公從國師八思馬學浮屠法，不數月，盡通其書，旁達諸國及漢語。世祖知其材，俾習漢文書。頃之，遂通諸經史百家，若陰陽、曆數、圖緯、方技之說，靡不精詣。會國師西還，携與俱。歲余乞歸省，師送之曰：“以汝之學，非爲我佛弟子者，我敢受汝拜耶！勉事聖君。”相泣而別。比至闕，師已上書薦之裕宗，得召入宿衛，日以筆札侍左右。至元二十年冬，有二僧西來見，自言知天象，上召通象胥者數輩與語，莫能解。有脫烈者，言公可使，立召與語，僧乃屈謝不如，上大悅。公明時務，識大體，初爲世祖所知，即勸以治天下必用儒術，江南諸老臣及山林藪澤有道藝之士，皆宜招納，以備選錄。於是置集賢院，下求賢之詔，遣使天下。天下聞風而起，至者悉命公館之，禮意周洽，皆喜過望。其有不稱旨者，亦請厚賷而遣之，以勸來者。而集賢長貳，極一時名流，盡公所薦用。又請置國子監學官，增博士弟子員，優其廩餼，學者益衆。

本篇最可注意者，爲阿魯渾薩理之學，先釋而後儒。元時隆禮國師，過於孔子，苟無二三西域人之服膺孔學者搘拄其間，釋氏之徒，且欲以其道易天下，借兵威之所及，非盡變中國爲佛教國不止。中國儒者，其得國主之信用，遠不逮西域儒者，是故高智耀之入見憲宗也，力言儒者之道，帝曰："前此未有以是告朕者。"不忽木之與世祖論道也，世祖曰："曩與許仲平（衡）論治，仲平不及汝遠甚。"（均見前章）當是時，百漢人之言，不如一西域人之言，一西域人儒者之言，不如一西域人釋者之言之尤爲有力，而得國主之信用也。許衡、吳澄之徒之所以能見用於時者，純恃有二三西域人後先奔走之，而孔子之道之所以能見重於元者，亦純賴有多數異教西域人，誦其詩，讀其書，傾心而輔翼之也。國師之送阿魯渾薩理曰："以汝之學，非爲我佛弟子者，我敢受汝拜耶！"國師蓋深知阿魯渾薩理之不能爲佛教張目，而將爲儒教效其勞者也。故阿魯渾薩理初見用於世祖，即勸以治天下必用儒術，"天下"云者，中國耳。治中國非用儒術不可，阿魯渾薩理由中國歷史觀察，熟審當時情形，以爲惟此於元有利，遂主張以此收服中國之人心也。

《元史》本傳敍阿魯渾薩理先世，有足補趙孟頫碑之闕者，曰："阿魯渾薩理祖阿臺薩理，精佛氏學。牛乞臺薩理，襲先業，通經、律、論。業既成，師名之日萬全。至元十二年，入爲釋教都總統。"以釋教都總統之子，而主張用儒術治天下，亦猶高智耀之本事佛敬僧，而力言儒術有補治道也，此佛教世家之儒學也。

五　摩尼教世家之儒學

高昌偰氏

摩尼教興於波斯，唐時入中國，因爲回鶻所信奉，更借回鶻之勢力，延蔓於中華。回鶻既分布甘、和諸州，摩尼教徒遂隨之轉徙。觀余闕述西夏風俗，有極類曾受摩尼化者。其《送歸彥温赴河西廉使序》云："予家合淝，淝之戍軍皆夏人，其性大抵質直而上義，平居相與，雖異姓如親姻。凡有所得，雖簞食豆羹，不以自私，必召其朋友。朋友之間，有無相共，有餘即以與人，無即取諸人，亦不少以屬意。百斛之粟，數千百緡之錢，可一語而致也。予初以爲此異鄉相親乃爾，及以問夏人，凡國中之俗，莫不皆然。其異姓之人如此，其親姻可知矣。"（《青陽集》卷三）凡曾讀摩尼教經者，即知此等有類於共産之風俗，爲摩尼教之風俗；即曾考究南宋時閩、浙摩尼教情形者，亦知此爲摩尼教風俗。西夏既以回鶻流入之故，受摩尼教之感化，則原爲回鶻地之高昌等處，其受摩尼感化必更强。摩尼教元時中國尚有，余前在《閩書》卷七發見泉州華表山有元時所遺留之摩尼教庵，近又於談遷《棗林雜俎》義集目録天主教條下，發見有"明教附"三字小注。明教即摩尼教。惜余所見之《棗林雜俎》，爲宣統間排印本，此條特注"缺"字。有録無書，想因天主教事有所避諱而刊落之也，安得談氏原稿而讀之！明時中國既尚有摩尼教，則原爲回鶻地之高昌等處，其摩尼教必更盛。《宋史·高昌傳》述北宋初王延德使高昌，尚見有摩尼寺波斯僧，此其證也。

摩尼教流行歷史略明，則可揭出吾所欲述之摩尼教世家爲誰氏。吾所欲述之摩尼教世家，高昌偰氏也。元時高昌人多矣，何以獨推偰氏？則以偰氏自唐以來，世爲回紇相，而唐時回紇相之與摩尼，又極有密切之關係。如《舊唐書·回紇傳》，長慶元年，回鶻入朝，則與宰相、都督、公主、摩尼等俱。《白氏長慶集・與回鶻可汗書》，賜物回鶻，則與內外宰相及判官摩尼師等俱。摩尼既爲回鶻尊崇，可汗常與共國，則其國相豈能獨外。兹將歐陽玄《高昌偰氏家傳》之前段，節錄如下，以明偰氏爲摩尼教世家之證。傳云：偰氏，偉兀人也。其先世曰暾欲谷，以女妻默棘速可汗爲可敦。默棘速卒，國亂，故地盡爲回紇所有，暾欲谷子孫遂相回紇。回紇嘗自以其鷙捷如鶻，請於唐，更以回鶻爲號。偉兀者，回鶻之轉聲也。今偉兀稱高昌，地則高昌，人則回鶻也。高昌王有印，曰“諸天敬護護國第四王印”，即唐所賜回鶻印也。言“諸天敬護”者，其國俗素重佛氏，因爲梵言以祝之也。暾欲谷子孫，既世爲偉兀貴臣，因爲偉兀人。又嘗從其主居偰輦河上，子孫宗暾欲谷爲始祖，因以偰爲氏焉。相傳暾欲谷初爲國相，適當唐天寶之際。唐以安氏之亂，求回鶻援兵，暾欲谷與太子闕特勒帥師與討安禄山有功，封太傅忠武王，進位司空，年百二十而終。傳數世至克直普爾，襲爲本國相，答剌罕，錫號阿大都督（《圭齋集》十一）。

此傳有事實錯誤者二，有文字異同者二，先爲辨正，而後推求其與摩尼教有關焉。據《舊唐書·突厥傳》："毗伽可汗默棘連，及闕特勒之兄，以開元四年即位，時暾欲谷年七十餘。""開元二十年（《新書》作十九年），闕特勒死，上自爲碑文；同年默棘連死，李融爲碑文。"二碑於清光緒十五年（西一八八九），與《九姓回鶻可汗碑》同出土。元耶律鑄《雙溪醉隱集》（卷二）《取和林樂府》自注有云："和林城，苾伽可汗之故地也。城東北七十里，有唐明皇開元壬申御制御書闕特勤碑。案唐史《突厥傳》，闕特勤，苾伽可汗之弟也，名闕。開元十九年闕特勤卒，詔爲立碑，上自爲文。其碑額及碑文，'特勤'皆是'殷勤'之'勤'字，唐新、舊史凡書'特勤'皆作'銜勒'之'勒'字，誤也。諸突厥部之遺俗，猶呼其可汗之子弟爲'特勤'，則與碑文符矣。"李文田《和林金石詩》（靈鶼閣本）所謂"因思移剌（即耶律）《雙溪集》，字字分明闕特勤"，指此也。而《傼氏傳》乃循兩《唐書》作"勒"，其異一。默棘連，兩《唐書》均作"連"，李文田詩"遺址荊榛默棘連，大唐祠像舊香煙"是也，而《傼氏傳》獨作"速"，其異

50

二。此猶文字之小小異同者也。

安禄山之亂，在天寶末年，闕特勤之死，在開元十九年，其碑之立，在開元二十年，是安氏亂時，闕特勤死已二十餘年矣。而《僕氏傳》乃謂"暾欲谷與闕特勒帥師討安禄山有功"，其誤一。且闕特勤是突厥可汗太子，而助唐討安禄山者，是回紇太子，《舊唐書·回紇傳》"至德元載七月，肅宗即位靈武，遣使回紇，修好徵兵。二載九月，回紇遣太子葉護，領其將帝德等兵馬四千餘衆，助國討逆，收復兩京，加司空，封忠義王"是也。而《僕氏傳》乃以闕特勤爲回紇太子，其誤二。究其所以致誤之由，則因史有"乾元元年八月，回紇又使王子骨啜特勒等助國討逆"之言，而誤以骨啜特勒爲闕特勒乎？不可知也。

突厥之滅，據《新唐書·突厥傳》謂在天寶四年，是暾欲谷由突厥入回紇時，年已百有餘歲，其助唐討逆時，年百一十歲，史稱開元四年（西七一六）暾欲谷年七十餘，與《僕氏傳》稱暾欲谷助唐討逆後，年百二十而終，其説正相合。果暾欲谷之卒，在代宗初年，去大曆三年（西七六八）敕建摩尼大云光明寺之年，不過一二年，回紇爲摩尼護法，僕氏世爲回紇貴臣，其與摩尼教有關，尚何待論。

顧《家傳》既明言其國俗素重佛氏，何以猶謂之摩尼？則以唐時回紇，自天寶而後，全國已改奉摩尼（説見《摩尼教入中國考》）。唐所賜回鶻印，係在天寶求援回鶻以後，當然以其所信奉者祝之，豈復有以佛氏語祝之之理。吾恒言中國人對於外來諸教，辨別輒不明瞭，如《新唐書》一五〇《常衮傳》稱"回紇有戰功者，得留京師，創邸第、佛祠"，"佛祠"云云，實摩尼寺也。《九姓回鶻可汗碑》言摩尼開教回鶻事甚明，今日可爲鐵證。然此碑出土時，江標和李文田《金石詩》，猶以摩尼爲佛，則前此之謬指爲佛者更何足怪。江標詩云：

　　大字先題登里囉，可汗名字曰毗伽，半從佛法治天下，莫怪年來景教多。

"佛法"云云，謂摩尼明教也。《閩書》亦稱摩尼佛，又稱"至道中，懷安士人得佛像於京城"，"佛像"云云，亦摩尼像也。則《偰氏傳》所稱之佛，正可證其爲摩尼佛。《舊唐書·回紇傳》謂摩尼爲回鶻所信奉，與《家傳》所謂"其國俗素重佛氏"者正同。偰氏之先，既世爲偉兀貴臣，且曾與於安史之役，則其爲摩尼教世家，毫無疑義也。

偰氏爲摩尼教世家之説既明，則可與言偰氏之儒學。克直普爾者，合剌普華之高祖。合剌普華見《元史·忠義傳》。其孫偰玉立、偰哲篤等六人，皆登進士第，其曾孫之登進士第者三人，一門兩代，凡九進士，時論榮之。許有壬爲合剌普華墓志，黃溍爲合剌普華神道碑，皆以爲"積德累仁之報"，然無論是否爲"積德累仁之報"，其孫、曾能以儒術致通顯若此，不可謂非色目人之特色也。

偰哲篤，延祐首科進士，與馬祖常、歐陽玄、許有壬、黃溍等爲同年。偰玉立，延祐五年進士，至正中爲泉州路達魯花赤。《閩書》卷五三《文蒞志》稱其"興學校，賑貧乏，考求圖志，搜訪舊聞。聘寓公三山吳鑒成《清源續志》二十卷，以補一郡故事。郡人皆勤於文學"。顧嗣立《元詩選》有偰玉立《世玉集》，偰哲篤詩附焉。《千頃堂書目》二十八有偰遜《近思齋逸稿》，注"回鶻人，初名百遼"，即偰哲篤子也。碑刻中亦時見偰氏昆仲文字。偰氏昆仲雖掇高第，能文章，然區區科名，詎得謂之儒學！今亦以儒學目之者，隨俗稱也。且吾之爲是篇，亦以證明西域人之同化中國而已，曾謂科名之盛如偰氏，不讀孔氏之書而能然耶！元時科目，蒙古、色目與漢人、南人各一榜，蒙古、色目人中選比漢人、南人爲易，程度比漢人、南人爲低。《元史·選舉志》載考試程式：蒙古、色目人第一場經問五條，《大學》、《論語》、《孟子》、《中庸》內設問，用朱氏章句集注。第二場策一道，以時務出題，限五百字以上，其義理精明、文辭典雅者爲中選。今自偰玉立、偰哲篤二人於政事文章有可考見外，其他七人學問深淺，無可考見。然既中選，則必"義理精明，文辭典雅"可知也。此摩尼教世家之儒學也。

附：偰氏一門九進士圖。數目字，著其登第之先後。由延祐二年乙卯，至至正八年戊子，凡三十四年。

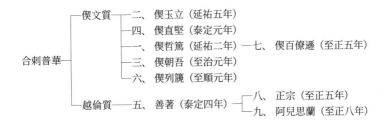

卷三　佛老篇

一　西域詞人之佛老

貫雲石　　迺賢　　馬時憲

亦都忽立　剌馬當

佛教非出於中國，然元時佛教之入中國，已千三百餘年，本分禪、教兩大宗，其禪宗早已成爲華化。倘其人之佛學得自梵文，或得諸西域，固不可謂之華化；倘其佛學係由漢譯經論，或由晉、唐以來之支那撰述而得，而又非出家剃度、身爲沙門，僅以性耽禪悅，自附於居士之林，則不得不謂之華化。阿魯渾薩理以釋教總統之子，先學佛於國師八思馬，學成而復習儒書，故吾名曰佛教世家之儒學。若西域人既邃於漢學，又以境遇或性近之故，去而談禪，則可謂之“雙料華化”矣。吾於此得二人焉：曰小雲石海涯、丁鶴年。丁鶴年爲回回教世家，將別論之，今先言小雲石海涯。

小雲石海涯，爲平宋功臣阿里海涯之孫。阿里海涯者，畏吾人。趙翼《廿二史劄記》三十謂：元初諸將多掠人爲私戶，而莫甚於阿里海涯。《張雄飛傳》：阿里海涯行省荆湖，以降民三千八百戶，没入爲家奴，自置吏治之，歲收其租稅，有司莫敢問。《世祖本紀》：至元十七年詔核阿里海涯等所俘三萬二千餘人，並放爲民。十九年，御史臺言阿里海涯占降民爲奴，而以爲征討所得。有旨，降民還之有司（二事並見卷一二八《相威傳》）。宋子貞又以阿里海涯所庇逃民千人，清出屯田。可見其所占之戶，以千萬計，兵權在握，恣意營私也。此阿里海涯即小雲石海涯之祖父。今非欲暴小雲石海涯祖父之惡，然非此無以證小雲石海涯爲濁世佳公子。其家世如此，其思想遂不禁別有所感覺也。

小雲石海涯之家世既明，則可言小雲石海涯之歷史。《元史》一四三有《小雲石海涯傳》，然不足證明小雲石海涯之學佛，因《元史》本傳采自歐陽玄《貫公神道碑》（《圭齋集》卷九），而删節其詞，故小雲石海涯學佛之精神亦被刊落。今欲證明小雲石海涯之佛學，當舍《元史》本傳而用《貫公神道碑》。貫公即小雲石海涯，父名貫只哥，因以貫爲氏，元人著述通稱貫雲石。雲石文學，另詳《文學篇》。其佛學則《神道碑》開始一段已可證明。碑云："至治三年秋，玄校藝浙省，既竣事，出而徜徉湖山之間，故人内翰貫公與玄周旋者半月餘。及將去杭，薄暮携酒來別，謂玄曰：'少年於朋友知契，每別輒繾綣數日。近年讀釋氏書，乃知釋子晝有是心，謂之記生根焉，吾因以是爲戒。今於君之別，獨不能禁，且何哉！'言已，凄然而別。"此節在當日不過著者叙述與雲石之交情，正史本傳自無留存之必要，而在今日欲考察西域人之寓中國，曾否染有中國之佛化，則不可謂之閑文。碑中叙雲石與漁父易蘆花被後，尚有雲石與中峰和尚論道一節，亦係閑情。乃本傳於蘆花被事，則點竄入傳，而於見中峰事，則一字不提，若爲雲石諱者。雲石本非以儒學自任，談禪何足爲諱！兹録碑文大略如下，亦可見雲石之出處及人生觀矣。曰："公辭歸江南，十餘年間，歷覽勝概，著述滿家。所至縉紳之士、逢掖之子、方外奇人，從之若云。得其詞翰，片言尺牘，如獲拱璧。乃東游錢塘，入天目山，見本中峰禪師，劇談大道，箭鋒相當。每夏坐禪包山，暑退始入城。自是公之踪迹，與世接漸疏，道味日濃，世味日淡，去而違之，不翅解帶。"中峰禪師者，名明本，號中峰，爲元世高僧。有《中峰廣録》、《中峰懷净土詩》等著述行世。則雲石之學佛，無可爲諱。《七修類稿》三二云："貫雲石嘗休暑鳳凰山，今北山栖雲庵，其藏修之所也。"是以碑復論之曰："公武有戡定之策，文有經濟之才，固爲斯世難得，然承平之代，世禄之家，勢宜有之。至如銖視軒冕，高蹈物表，居之弗疑，行之若素，泊然以終身，此山林之士所難能。斯其人品之高，豈可淺近量哉！"雲石蓋有得於禪者也。

西域詞人中，才名與雲石相埒，而愛慕道家者，有迺賢。迺賢字易之，《元史》無傳。元人著述稱合魯易之，或稱葛邏禄迺賢。合魯，元譯，葛邏禄，唐以前譯，漢言馬也，故又稱馬易之。世居金山之西，元興，西北諸部仕中國者，隨便住居，故迺賢稱南陽人。後隨其兄塔海仲良官江浙，遂卜居於鄞。《甬上耆舊詩傳》卷三謂其師事鄞人鄭以道，以道集有《贈門人馬易之序》。迺賢善歌詩，一再游京師，盡交其名上，有《金臺集》。又性好古，所至訪求名迹，摩挲斷碣，發爲詠歌。著《河朔訪古記》，劉仁本《羽庭集》、王禕《忠文集》均有序。原書久佚，乾隆時在《永樂大典》中搜得一百三十餘條，聚珍版印行之。迺賢之愛慕道家，傳無明文，吾在《金臺集》發見之。集共詩一百八十餘篇，紀游詠古之外，爲道士賦者占十之一。試錄其目，亦知其香火氣之深也。

一、　送陳道士復初歸金華。

二、　玄圃。爲上清周道士賦。

三、　題崇真宮陳煉師壁間竹梅。

四、　送道士袁九霄歸金坡道院。

五、　虛齋。爲四明王煉師賦。

六、　鶴齋。爲道士薛茂弘賦。

七、　送道士張宗岳還龍虎山。

八、　挽清溪徐道士。

九、　赤城。金閣山在赤城西，祁洞明真人修煉之所，山中盛産青李來禽諸果。

十、　次上都崇真宮，呈同游諸子。

十一、　病中答張元杰宗師惠藥。

十二、　崇真宮夜望司天臺。

十三、雨夜同天臺道士鄭蒙泉話舊，並懷劉子
　　　彝。注：蒙泉時奉祠上京崇真宮，子彝嘗
　　　於四明東湖築天壇道院，以待蒙泉東歸。

十四、陽明洞丁元善尊師携酒過余夜飲。

十五、玄教大宗師吳全節哀詩。

十六、南城詠古十六首。序云：至正十一年秋，
　　　太史宇文公、太常危公偕燕人梁處士九
　　　思、臨川黃君殷士、四明道士王虛齋、新
　　　進士朱夢炎，與余凡七人，聯轡出游燕
　　　城，覽故宮之遺迹，各賦詩十有六首。

十七、長春宮。全真丘神仙處機之居。太祖嘗召
　　　至西域之雪山講道，屢勸上以不殺。

十八、玉虛宮。大道教以供薪水之勞爲其張本。
　　　宮主張真人，其貌甚清古。

十九、題王虛齋所藏鎮南王墨竹。

二十、送陳煉師奉香歸四明，慶醮玉皇閣，寄王
　　　致和真人。

　　詩人結識道士之多，罕有若迺賢之眾者也。方以
類聚，同志爲朋，則迺賢之好道無疑義矣。更觀詩之

61

內容，則遁賢所好之道，實神仙服餌之一派，故"苓芝、青精"等句，輒見於行間。

如《玄圃》云：

明年我亦山中去，臘采瑤芝滿藥囊。

《桃花山水圖》云：

我昔捫蘿探山谷，青精煮飯松旁宿，至今瞳子有神光，細字猶能夜深讀。

《送袁道士歸金坡道院》云：

君還煉石髓，九轉成玄霜，他時肯分贈，碧落同翱翔。

《松巢》云：

茯苓倘可餐，永矢謝城邑。

《望泰山》云：

懸崖芝草承甘露，溜雨松根長伏苓。

《送張宗岳還龍虎山》云：

後夜相思京雒士，黃精還許寄來嘗。

《挽清溪徐道士》云：

碧乳分茶烹雪水，青精煮飯薦冰蔬。

《答張元杰惠藥》云：

臥病臨高館，丹芝幸見分，明朝得強健，長禮紫虛君。

《贈空谷山人歸武當》云：

小瓮春風紫术香，長鑱落日黃精熟。

《送陳煉師歸四明》云：

山中芝草還分得，贈我能令白髮稀。

正《春秋繁露》所謂“意之重，詞之複，其中必有美者”，後之人可因此以知其性之所近也。迺賢與雲石不同，雲石志在遺世，故佯狂詠歌以卒歲；迺賢不忘用世，故希借修煉以長生。其環境不同，其思想遂隨之而異，一禪一道，所以分途也。張起巖題《金臺集》云“長使馬周貧作客，令人千古愧常何”，嘆迺賢之不用也。迺賢於神仙境界，時寄遐想，如《登崆峒山》有云：

路逢一道士，高結冠巍巍，恐是廣成子，再拜欲問之。長歌入深林，棄我忽若遺，靈踪邈難及，千載生遐思。

其神往低徊之意，溢於言表。其對於元初丘處機尤殷慕之，詠之至再，《京城雜言》云：

丘公神仙流，學道青海東。扣馬諫不殺，嘉辭動天容。保此一言善，元祚垂無窮。

自注："世祖納全真丘處機之一言，國家始終好生不殺。"其《長春宮》又云：

羸驂躑躅秋日，迢遞謁琳宮，草昧艱難日，神仙第一功。

可謂傾倒之至矣。其所與游之燕人梁九思，名有，亦一好古而慕仙之人，與迺賢性相近。迺賢有《河朔訪古記》，梁有有《文海英瀾》；迺賢好神仙，梁有有《續列仙傳》。《文海英瀾》者二百卷，匯錄南北金石刻三萬餘通，《續列仙傳》十卷，均見迺賢《寄梁九思》詩注。詩中有"泗水中流尋漢刻，泰山絕頂得秦碑。仙人久致青牛約，弟子能修白鹿規"之句，梁有亦儒而好道者也。元朝著名道士張雨，號句曲外史，迺賢以西域詩人，亦自號河朔外史。凡此種種，皆足爲迺賢好道之一證。

有佯狂似雲石，而不忘用世似迺賢者，未知其學佛乎？學仙乎？號曰笑笑道人，則似於道家爲近。然六朝以道人爲沙門之稱，雲石學佛，固亦嘗號蘆花道人、酸齋道人也。學佛抑學仙，本無庸細辨，今所欲説明者，西域人中有此一派耳。則笑笑道人之行誼可一述也。王禮《送馬時憲還維揚詩序》，見《麟原集》卷四：

　　西域馬君時憲，以胄監弟子員舉進士，爲翰林編修官，志不屑也。性重默，無泛交，迹絕權貴之門，衆以是奇之。一日，聞有笑笑道人者，荷笠披紙衣，擊筇行歌於市，憩江東雷岡亭，飛舞而上馬祖巖。歌聲若金石，悲壯激越，林木爲動，田翁樵子，棄業而聚觀，意其散仙也，怪而察焉，則時憲耳。噫！其果於忘世，若楚狂接輿者耶？抑猶豪杰不偶之士，雄才莫施，輒佯狂詭其迹，輕世肆志，

以泄憤懣無聊之氣耶？夫燕、趙素多慷慨悲歌之
士，安知不猶有曩之風烈耶！余有以知時憲倜儻不
羈之情矣。

此等舉動，不論其所託者爲佛爲仙，皆可表明其爲一
不得志於時者之詩人。其係出西域，爲可異也。

劉壎《水雲村稿》卷八有《杏林公墓志銘》，云：
"亦都忽立，其先回鶻人。所居種杏成林，因以自號，
卒年六十有七。男四：曰馬合，曰大都驢。歿三日，
夫人使子來乞銘，因思西北人材率雄杰悍鷙，尚武而
嗜殺，而公獨稟和易，趨尚文雅，通儒書，禮秀士，
喜談仙佛，善作大字，綽有中州風度。其鍾天地之仁
氣者歟？冑出西土，而鍾靈特異者歟？噫！善人
亡矣。"

亦都忽立之名其子，未脫西域人舊俗也，而其自
號，及劉壎所述，則已深染華風。通儒書不奇，奇其
喜談仙佛也。名其子曰馬合，疑其先固回回人。然貫
雲石等四人，皆未嘗爲僧爲道士，不過其學術思想趨
向於是耳。

吾於王逢《梧溪集》發見一西域人入全真教爲道士，真可謂應有盡有矣。《梧溪集》卷五有《儉德堂懷寄》，凡二十二首，每首各有小序。其第八首序云："剌馬當文鬱，西域人。由父蔭累遷南臺御史，今寄迹全真教中。"詩云：

清修馬道士，憶過小林丘，脫略青驄迹，追隨白兔游。君親心獨耿，河海泪同流，好在醫閭北，徘徊紫氣浮。

剌馬當其名，文鬱其字，其名譯西域音，其字取中國義。玩王逢詩意，剌馬當之入道似在元亡而後。寄迹黃冠，亦勝國遺臣之恒事，特出於西域人，則安世通不得專美於前矣。

二　回回教世家由儒入佛

丁鶴年

貫雲石、迺賢等，雖係出西域，然其家世及原奉宗教不明，故只可概括之曰西域詞人之佛者。若其家

世及原奉之宗教，確有可考者，當專論之，則丁鶴年
之經歷最奇也。前篇曾論回回教世家之儒學，丁鶴年
亦回回教世家之儒者，然其後復由儒而入佛，則其所
受中國化之濃厚，又比專門儒者爲甚也。丁鶴年生三
十三歲而元亡，至明永樂末年始卒，年九十矣，故
《元史》無傳。《明史》入《文苑傳》，叙述甚略，蓋
本戴良所撰《高士傳》而節損之。今考鶴年生平，當
仍采之《高士傳》。《九靈山房集》十九《高士
傳》云：

鶴年，西域人，曾祖阿老丁，與弟烏馬兒，皆
元初巨商。祖苫思丁，累官至臨江路達魯花赤。父
職馬禄丁，重義輕財，盡取祖父遺資，賑諸親故之
不足，及他士之貧者。性尚豪邁，不喜榮名。年四
十，辟主臨川縣簿，升武昌縣達魯花赤，有惠政。
解官之日，父老爲築種德之堂，請曰："吾縣蓋公
之桐鄉，願留居毋去。"遂家焉。生子五人，鶴年
最幼。武昌公死時，鶴年年甫十二，其俗素短喪，
所禁止者獨酒，鶴年以爲非古制，乃服斬衰三年。

家有遺資，悉推與諸兄，不留一錢自遺也。武昌公在時，以鶴年倜儻類己，甚鍾愛，畀蔭從父桓州職，鶴年辭謝不敢有，惟益屬志爲學，清貧自苦。或曰："汝貴家子，顧乃過自矯激如此？"鶴年曰："吾宗固貴顯，然以文學知名於世者恒少。吾欲奮身爲儒生，豈碌碌襲先蔭、苟取禄位而已耶！"鄉之諸儒長者，以其年幼而有志，多樂教之。年十七，通《詩》《書》《禮》三經。豫章周懷孝，楚大儒，時寓武昌，獨器重鶴年，且欲同歸豫章，而妻以愛女。鶴年以母老，諸兄皆官千里外，辭不行。明年，淮兵渡江，襲武昌，鶴年奉母夫人以行。夫人捐館舍，鶴年哀毀盡瘁，鹽酪不入口者五年。聞從兄吉雅謨丁避地越江上，徒步往依焉，辟從事，舉校官，舉孝廉，俱不應。南臺大夫沙藍答兒被召還朝，思得文儒之士，以備諮訪，復以從事辟之，江西、閩海二道肅政府，又以其省儒學提舉薦，皆不就。留四明，或旅食海鄉，爲童子師，或寄居僧舍，賣藥以自給。行囊稍裕，每好赴人之急，人之享其惠者，蓋數數然也。鶴年天質穎悟，讀書過目輒成誦。善詩歌，而尤工於唐律，爲文章有氣，至於算數、導引、方藥之説，亦靡不旁習。然專以躬行爲學，非其食不食，非其衣不衣，重然諾，尚氣節，有東漢高士之遺風。員外郎馬子英，不妄許可人，嘗曰"吾友多矣，可託妻子者，惟鶴年一人"，世以爲知言。

戴良之卒，先鶴年四十年。此傳作於洪武初年，爲鶴年所親見，故鶴年《寄九靈先生詩》有"萬言椽筆今無用，閑嚮林泉紀逸民"之句。注"先生嘗爲予作傳"，即此傳也。此傳所述，關於鶴年前半世事略備。此傳之後，有烏斯道《丁孝子傳》（《春草齋集》卷七），紀鶴年夢得母墓事，亦可參考。惟學佛一節，兩傳皆無明文，蓋是時鶴年學佛之迹尚未著也。兩傳紀鶴年部族，僅泛稱爲西域人，《鶴年集》自署亦只曰"西域鶴年"，何以知其爲回回教世家也？則有下列之諸證據。

《明史·文苑傳》云"丁鶴年者，回回人"，其説蓋本諸瞿佑《歸田詩話》。《歸田詩話·梧竹軒》條，謂鶴年爲回回人。瞿佑曾在杭見鶴年，鶴年爲佑審閱《鼓吹續音》，示以著述之法，佑深感之。《明史·文苑傳》稱"方國珍據浙東，最忌色目人，鶴年轉徙逃匿"，即《歸田詩話》語也。證一。《鶴年集》附錄鶴年從兄吉雅謨丁及鶴年次兄愛理沙詩，據元末人選《元音》（卷十二）二人小傳，均稱回回人。其兄回回，其弟當然回回。證二。《元史》回回人多名丁，鶴年曾祖阿老丁，祖苫思丁，父職馬禄丁，皆回回人名。楊士奇《跋丁鶴年詩》（《東里集》卷十）云："西域人多名丁，既入中國，因以爲姓，故鶴年亦丁姓。余在武昌遇之，時已老矣。"是鶴年本亦名丁也。證三。回回人居中國者馬姓至多，吉雅謨丁字元德，亦取馬姓。劉仁本《羽庭集》卷五有《送馬侯元德任奉化州序》，戴良又有《題馬元德伯仲詩後》（《九靈山房集》廿二），伯即吉雅謨丁，仲即鶴年也。馬子英爲鶴年族兄，《鶴年集》有《題族兄馬子英進士梅花詩》，是鶴年亦可馬姓也。證四。賽典赤贍思丁爲回回教祖別庵伯爾之後，已見《儒學篇》。《鶴年集》有《贈表兄賽景初詩》，注："景初，咸陽王賽

典赤之孫也。"表兄爲回回人，表弟宜亦回回人。證
五。回回俗葬無棺椁，《丁孝子傳》言鶴年訪母墓時，
見平陸土有陷下者，意謂母葬時無棺椁，此回回葬法
也。《高士傳》又謂"其俗素短喪，所禁止者獨酒"。
證六。回回入中國者，多以賣藥爲業，其俗至今尚
存。京師圖書館善本室有《回回藥方》三十六卷。《高
士傳》謂鶴年"於導引、方藥之說，靡不旁習"，"在
四明或賣藥自給"，此亦回回風也。證七。鶴年父重
義輕財，鶴年亦倜儻類其父，每好赴人之急，此尤爲
回回教所尚，所謂五功之一也。證八。

有此八證，鶴年爲回回教世家，毫無異義。至於
鶴年本身，則實一儒家，讀《高士傳》已可概見：當
其父死時，年十二耳，即以短喪爲非古制，而服斬衰
三年，其自幼已沾被儒風也。又欲奮身爲儒生，年十
七即通《詩》《書》《禮》三經，爲大儒周懷孝所器重，
今《鶴年集》有《奉懷先師豫章周孝思先生詩》，即其
人也。鶴年既以儒學名，故凡思得文儒之士相助爲理
者，皆舉鶴年，鶴年皆不之赴，所以爲"高"也。集
中亦常以儒自命，有"腐儒避地海東偏"，"落魄乾坤

一腐儒"等句。其他舉動之與回教相背者，可於《孝子傳》見之：一作母主，晨暮以拜，二陳酒肉以祭，三改葬用棺，皆非回教所宜有，惟儒教似之。戴良《鶴年吟稿序》云"鶴年兄弟俱業儒，伯氏之登進士第者三人"，皆足爲鶴年儒教之證。而孰知其又不終於儒，此則與環境極有關係者矣。

始吾讀《明史·鶴年傳》，見有"晚學浮屠法"一語而疑之，以回回與浮屠絶不相入也。及讀《藝海珠塵》本《丁孝子詩集》，見其與僧侶唱酬之作極多，而知《明史》之語有所本（明回回詩人金大車、大輿兄弟，亦多與僧侶唱酬之作。見《金陵叢書》丙集）。復獲《琳琅秘室》本《丁鶴年集》，原分四集，第三卷曰《方外集》，與僧侶唱酬之作悉隸焉。核其所與游之僧，見之詩者凡三十一人，又較廼賢所與游之道侶爲多矣。兹按《方外集》次第，舉其名如下，漏載者據《藝海珠塵》本補之。

文極禪師　　　　　諸暨上人

僧净皓　　　　　　甬東椿上人

慈溪懋上人　　　　鐵佛寺盟長老

74

鐵佛寺益公了庵	見心長老
濟汝舟長老	菩提寺主
恕中慍禪師	龍門海禪師
濬天淵長老伯仲	鎤聲外侍者
信立庵長老	古鼎銘長老
慈溪潤上人	慈溪敉上人
姑蘇潤上人	平江韞上人
貞長老	琦公宗師
義上人	祖庭興上人
壁東文上人	大年椿上人

龍門禪師（補衲）

上二十七人，見《琳琅秘室》本《丁鶴年集》卷三《方外集》。

濟古舟	新古銘（二人皆浙東名僧）
秋月長老	鉉宗鼎
染上人	

上五人，從《藝海珠塵》本《丁孝子詩》錄補。

《鶴年集》兩本互有詳略，今獨取《琳琅》本者，以其特標《方外》一集，足明鶴年學佛之說不誣而已，非重其爲元刻也。且此本並非元刻本，將於《文學篇》辨之。

鶴年以工詩寄迹叢林，榜所居曰逃禪室，所與游者盡緇流，莫不以得其一言爲幸，故編帙遂日積而日富。觀其所自述，及親族所觀察，鶴年似眞有意於空門，如《送鐵佛寺益公》有云：

世尊出西域，教化極東土。大道本無爲，盛德人所慕。只今滅度二千年，授經弟子如親傳。我生懶僻苦貪佛，或謂三生有勝緣。

《題古鼎銘鍾秀閣》云“我亦逃禪雲水客，便應蕭散共松扃”，《寄鉉宗鼎》云“萬里思鄉瞻北斗，十年學道事西宗”，《宿染上人溪舍》云“見性本圖先作佛，勞形翻愧早成翁”，皆自證其學佛之經過也。《鶴年集》附錄其從兄吉雅謨丁詩，亦有“鶴年弟盡棄紈綺故習，清心學道，特遺楮帳，資其澹泊之好，仍侑以詩”等語，在宗族眼光觀之，亦共證其爲專心學道也。然以吾人今日研究之結果，鶴年之依佛，殆一種避禍个得已之苦衷，暫行遁迹空門而已。讀其《逃禪室》諸詩，較然明白。如《逃禪室臥病柬諸禪侶》云：

> 高秋多病客，古寺寄黃昏，野迥常疑虎，天寒早閉門。離愁燈下影，鄉淚枕邊痕，賴有諸禪侶，情親似弟昆。

又《逃禪室與蘇伊舉話舊》云：

> 不學揚雄事草玄，且隨蘇晉暫逃禪，無錐可卓香嚴地，有柱難擎杞國天。謾詫丹霞燒木佛，誰憐青露泣銅仙，茫茫東海皆魚鱉，何處堪容魯仲連。

一種恐懼憂患之情，溢於言表，何與於禪！無怪乎曰"寄黃昏"、"暫逃禪"耳。又有《逃禪室述懷十六韵》，文繁不能備録。然其中如"耻灑窮途泣，閑修净土緣，有相皆虛妄，無才幸苟全。高蹈慚真隱，狂歌愧昔賢，惟餘空念在，山寺日逃禪"等句，皆足證明其始非有真知灼見必須學佛，不過借此苟全性命耳。

然始而避地，繼而參禪，終而高蹈，濡染既深，詎無所獲！《藝海》本有《贈秋月長老》一首，爲《琳琅》本所無，其意境亦爲全集所未有，當係晚年參禪有得之言也。詩云：

秋月既虛明，禪心亦清净，心月兩無虧，炯然大圓鏡。流光燭萬物，萬物咸鮮瑩，倒影入千江，千江悉輝映。情塵苟不掃，倏忽迷真性，所以學道人，於此分凡聖。視身等虛空，無得亦無證，偉哉寒山翁，與汝安心竟。

三　基督教世家由儒入道

馬節　趙世延

基督教世家之入道，最著者爲馬祖常之季父馬節。節入王屋山爲道士，説見《元文類》六七《禮部尚書馬公神道碑》。碑爲馬祖常撰，自述家世，至可信據。王屋山在今河南濟源縣西北百里，爲唐司馬承禎修道之所。《乾隆濟源縣志》十六載林靈素《游天壇三十二韵》，有云"林泉何處愜予心，收拾圖書將卜築，崎嶇不敢千里辭，東至太行入王屋"是也。馬節入山後，無所表見，元人著述，亦鮮及之者，其甘心隱遁可知也。欲考馬節家世，可觀馬祖常之家世，其祖爲元名臣，又生元盛時，非有不得已必須隱遁之情可見也。家世奉基督，何以棄基督而入道，奇也。祖常爲節猶子，祖常父子棄基督而入儒。讀《石田山房文集》，祖常亦好與道士往還，集中贈道士詩，占全集十四分之一，與迺賢《金臺集》相埒。然吾不以祖常爲學道者，則以《石田集》贈道士詩雖多，皆酬酢之詞，未嘗有傾仰之意，與《金臺集》絕異。集中求如《寄舒真人》云"憑師消鄙吝，猶可采山薇"等句，已不可多得。其稱許道家處，亦不過如《王道士慶壽堂》"生男不必皆富貴，學道亦足傳其家"而已。所以多與道士往還者，因祖常夙負詩名，諸黃冠咸以得其片詞爲幸，祖常亦樂此不疲，故《題舒真人鶴峰》云：

山中道士索題詩，柿葉千層寫好詞。不見籠鵝空揩去，此生雖老可臨池。

可見其來者不拒之態度及道士求詩之衆矣。至道士之好儒者，祖常更樂與之游，集中有《蜀道士歸儒》一首，已見《儒學篇》。祖常之與道士往還，虛與委蛇而已。然證以馬節之入道，則基督教世家與道家之接近，此中亦自有因緣。

馬節而外，有趙世延，與馬節同爲雍古部人。雍古部爲昔年基督教聶思脱里派流行之地，故《元史》雍古部人多基督教人名。吾友張星烺《馬哥孛羅游記譯注》，謂世延之父及子，皆用基督教徒之名，斷趙世延爲基督教世家，説不誣也。世延雖基督教世家，然其本身所學則爲儒，《宋元學案》九五列《蕭同諸儒學案》中，稱爲"榘庵同調"，榘庵者，同恕也。兹先將《元史·趙世延傳》節錄如下：

> 趙世延，字子敬，其先雍古族人。曾祖黜公。祖按竺邇，幼孤，鞠於外大父术要甲，訛爲趙家，因氏爲趙。父黑梓。世延天資秀發，喜讀書，究心

儒者體用之學。延祐元年，省臣奏："比奉詔漢人參政，用儒者，趙世延其人也。"帝曰："世延誠可用，然雍古氏非漢人，其署宜居右。"遂拜中書參知政事。三年，劾奏權臣太師右丞相帖木迭兒罪惡十有三，尋拜四川行省平章政事。仁宗崩，帖木迭兒復相，銳意報復，誘世延從弟脅益兒哈呼誣告世延罪，逮世延置對。至夔，路遇赦，帖木迭兒遣使督追至京師，煅煉使成獄。會有旨，事經赦原，勿復問。帖木迭兒更以它事白帝，繫之刑曹，逼令自裁，世延不爲動。居囚再歲，脅益兒哈呼自以所訴涉誣欺，亡去。中書左丞相拜住屢言世延亡辜，得旨，出獄就舍養疾。帖木迭兒死，事乃釋，世延出居金陵。泰定元年，召還朝。至順元年，詔與虞集等纂修《皇朝經世大典》。屢奏："臣衰老，乞解中書政務，專意纂修。"秋，以疾移文中書，致其事，明日即行，養疾於金陵之茅山。世延歷事九朝，揚歷省臺五十餘年，負經濟之資，而守之以清介，飾之以文學，而於儒者名教，尤拳拳焉。爲文章波瀾浩瀚，一根於理。嘗較定律令，彙次《風憲

《宏綱》，行於世。五子，達者三人，野峻臺，次月魯、伯忽。

吾錄此傳，而特詳於世延被誣入獄一事者，吾認此爲與世延之學道極有關也。許有壬《至正集》七六有《辯平章趙世延》文，即爲此事，可參考。《鐵木迭兒傳》（二〇五）及《英宗本紀》（二七）亦可參考。鐵木迭兒必欲置世延於死地，由成都逮捕至京，陵虐禁錮，前後三年才出獄，時世延年六十餘矣。凡人經歷艱險，則信仰宗教之念悠然而生，佛老生涯又多與林泉接近，人即不信宗教，而情甘隱遁，自易與佛老爲緣，丁鶴年之念佛，趙世延之學道，皆不能逃此例也。惟世延學道，史無明文，本傳謂其事釋後出居金陵，所謂金陵，蓋茅山也，下文謂其養疾於金陵之茅山是也，史特諱言耳，然此亦何庸諱！世延著述，今傳者不多，吾所見者，《南唐書序》《茅山志序》外，有《京師東岳廟昭德殿碑》，文見《圖書集成‧職方典》廿六，有《盩厔重陽宮敕藏御服碑》，見拓本。其存目待訪者，有《句容日云崇福觀碑》，見《袁于訪碑記》，皆與道教有關者也。又世延之詩，《元詩選》癸集所收僅七首，而詠道院之作，已占其五，蓋選自《茅山志》卷三十者：

一、玉晨觀懷古。

二、許長史井。

三、白云觀即景用韵。

四、華陽道院石亭。

五、出茅山，宿青玄觀。

其《許長史井》云"因觀長史陰陽井，始悟混元玄牝門"，其《華陽道院》云"何當借我東偏屋，静掩巖扉學煉形"，其《宿青玄觀》云"莫道歸途清興減，夜來和月飲刀圭"，似世延所學，亦服食煉形一派，而非虚談玄理者比。

世延歸里後，有鳩資創建文昌帝君祠一事，見《清河内傳》卷九趙延之（太原人）《文昌帝君行祠記》，尤足爲世延學道之證。曰："後至元二年，前奎章閣大學士、魯國公趙世延告老還成都，不忘舊德，拳拳於張君，甫下車，先侍生而卜焉。予因以建祠事告，公曰：'積歲存心，願莫之遂，若相神庥，敢披肝膽以勖。’六月甲寅，遂卜其事，步城內外，擇異處焉。祠事始定，公自爲疏若干以鳩其資。”又曰：“主盟勝概者趙相也。晨夕劬躬，拮据卒徒者，侍生楊世仁也。”則世延之學道，又可於道家著述證明之。“張君”云者，道家稱文昌帝君爲，即《詩經》之“張仲孝友”也。

更有一事，足覘世延家學儒道雜糅，而與基督實不相容。陳旅《魯郡夫人趙氏墓志》（《安雅堂集》十一）云：“夫人趙氏，魯國公世延之女。魯公之平章蜀省也，奸臣以詔逮公係請室，夫人年十三，即却葷肉，向北斗拜禱，凡三年。”禮拜北斗，正道家法。又云：“魯公以其能誦《易》，嘗教之筮，諸陰陽家書，皆能通之。”陰陽術數，亦與道家爲近。此世延家學之帶有道家色彩者也。世延晚年，尤深黃老之術，權衡《庚申外史》載：“元統元年，太師燕帖木兒溺於酒色，宴趙中丞家，男女共坐，名爲鴛鴦筵席。”《元史》一三八《燕鐵木兒傳》采此事，改鴛鴦筵席爲鴛鴦會，然無論爲筵席爲會，此何等事，而世延乃曲忍之，不惜以自邸爲彼荒淫地，與昔年彈劾鐵木迭兒之氣概，一何判若二人乎！豈閱世既深，則趨避熟乎？無惑乎當時有監察御史葛明誠者，劾世延固位取容，無補於事，請斥歸田里也（《元史》三四）。此學黃老者之蔽也。然則世延之父及子，雖用基督徒之名，實不過一種基督化惰力耳。

卷四　文學篇

一　西域之中國詩人

泰不華	迺賢	余闕
聶古柏	斡玉倫徒	三寶柱
張雄飛（昂吉、完澤）	伯顏子中	薛超吾
郝天挺	辛文房	馬彥翬
阿里		

前篇所論，如巙巙、馬祖常、泰不華、貫雲石、迺賢、丁鶴年等，皆有詩名。巙巙詩傳者不多，顧嗣立《元詩選》癸集僅據石刻及《元風雅》選其數首。巙巙本以書名家，故詩名爲書名所掩，詳《美術篇》。貫雲石有《酸齋集》，見《元詩選》。酸齋以樂府名，將別論之。馬祖常爲基督教世家，丁鶴年爲回回教世家，亦將別論之。

泰不華死於方國珍之難。《元詩選》有《顧北集》，與余闕《青陽集》並列，推爲元季詩人第一。其言曰"自科舉之興，諸部子弟類多感勵奮發，以讀書稽古爲事。迨至正用兵，勛舊重臣往往望風奔潰，而挺然抗節、秉志不回，乃出於一二科目之士，如達兼善、余廷心者，其死事爲最烈。然後知爵禄豢養之恩，不如禮義漸摩之澤也。故論詩至元季諸臣，以兼善爲首，廷心次之，亦足見二人之不負科名"云。

至於廼賢，則有《金臺集》傳世，楊彝跋盛稱其《潁州老翁》《西曹郎》《巢湖》《新鄉媼》《新堤》諸篇，撫事感懷，有得於風人之旨。《潁州老翁》篇幅太長，今特介紹《新鄉媼》一篇如下：

蓬頭赤脚新鄉媼，青裙百結村中老，日間炊黍餉夫耕，夜紡綿華到天曉。綿華織布供軍錢，倩人輾穀輸公田，縣里工人要供給，布衫剥去遭笞鞭。兩兒不歸又三月，只愁凍餓衣裳裂，大兒運木起官府，小兒擔土填河決。

茆檐雨雪鐙半昏，豪家索債頻敲門，囊中無錢瓮無粟，眼前只有扶床孫。明朝領孫入城賣，可憐索價旁人怪，骨肉生涯豈足論，且圖償却門前債。

　　數來三日當大年，阿婆墳上無紙錢，涼漿澆濕墓前草，低頭痛哭聲連天。恨身不作三韓女，車載金珠爭奪取，銀鐺燒酒玉杯飲，絲竹高堂夜歌舞。黃金絡臂珠滿頭，翠云繡出鴛鴦褚，醉呼閣奴解羅幔，床前熱火添香篝。

詩中大意可分三截：第一截寫專制政體之橫暴，第二截寫豪門勢力之壓迫，第三截寫貧富階級之懸殊，抑何其言之沈痛也。

　　迺賢，葛邏禄人。葛邏禄今為俄地，其殆開後來俄國文學之先路乎！而同時詩人則固以迺賢為被中原之化者也。《金臺集》李好文《序》謂：“嘗愛賀六渾《陰山敕勒歌》，語意渾然，不假雕刻，顧其雄偉質直，善於模寫，政如東丹突欲畫本土人物，筆迹超絕，不免有遼東風氣之偏。惟吾易之之作，粹然獨有中和之氣，非聖人之化，仁義漸被，詩書禮樂之教而致然耶！”貢師泰《序》則謂：“予聞葛邏禄氏，在西北金山之西，與回紇壤相接，俗相類，其人便捷善射，又能相時居貨，媒取富貴。易之世出其族，而心之所好獨異，宜乎見於詩者卓乎有以異於人也。"程文《序》則謂："易之葛邏禄人，在中國西北數千里之外，而能被服周公、仲尼之道。家固有閥閱勛榮，可借以取富貴，而棄不就，矅然一寒生，專以詩名世。"則廼賢與托爾斯太一流正有些相類，而戴良爲《丁鶴年集》序，歷數元時西域詩人，獨不及廼賢，抑亦異矣。

《琳琅秘室》本《鶴年集》序，與《九靈山房集·鶴年吟稿序》，稍有異同，《琳琅》本爲初稿，《九靈》本爲定稿也。《琳琅》本云："我元受命，西北諸國若回回、吐蕃、康里、畏吾兒、也里可温、唐兀之屬，率先臣順，奉職稱藩。積之既久，文軌日同，而子孫遂皆舍弓馬而事詩書。至其以詩名世，則貫公雲石、馬公伯庸、薩公天錫、余公廷心，其人也。論者以馬公之詩似商隱，貫公、薩公之詩似長吉，而余公之詩，則與陰鏗、何遜齊驅而並駕。他如高公彦敬、嶧公子山、達公兼善、雅公正卿、聶公古柏、斡公克莊、魯公至道、三公廷圭輩，亦皆清新俊拔，成一家言。此數公者皆居西北之遠國，其去幽秦，蓋不知其幾千萬里，而其爲詩，乃有中國古作者之遺風，足見我朝王化之大行，雖成周之盛莫及也。"

以上所舉西域詩人十二人，獨闕迺賢。《九靈》本則僅留馬、薩、余三人，並貫雲石、高彥敬等九人而去之。此十二人者，其詩名高下不同，而其可與中國作者抗衡則一也。戴良初以十二人併舉，正可見其同負時名，足爲今日言西域詩人者之參考。茲將十二人中之已見或未見於前者，疏其略歷如下：

馬伯庸即馬祖常，達兼善即泰不華，薩天錫、魯至道爲回回教世家，雅正卿爲基督教世家，別有專論。高彥敬名克恭，亦回回人，有《房山集》，見《元詩選》。善畫墨竹山水，詩名爲畫名所掩，詳《美術篇》。

余廷心名余闕，河西人，河西古諸羌，李元昊據之爲西夏，元初累征之不服。其人剛直守義，蕃語謂之唐兀氏，爲元色目人之一。其俗自別舊羌爲蕃，河西陷没人爲漢，余闕蓋蕃而非漢也。據《元史》本傳，余闕父名沙剌藏卜，據《元統癸酉進士録》，余闕父名屑耳爲，祖及曾祖均名銑節，皆非漢姓，故余闕實西域人。至正十八年守安慶死節，有《青陽山房集》，今傳於世。《元史》稱其詩體尚江左，高視鮑、謝，徐、庾以下不論也。《四庫提要》稱其詩以漢魏爲宗，優游沈涵，於元人中別爲一格。胡應麟《詩藪外編》六云"元人制作，大概諸家如一，惟余廷心古詩近體，咸規仿六朝，清新明麗，頗自足賞。惜中厄王事，使成就當有可觀。泰兼善絶句温靚和平，殊得唐調，二人皆才藻氣節兼者"云。

聶古柏官吏部侍郎，據黎崱《安南志略》三，至大四年，聶古柏曾奉使安南。《元詩選》三集有《侍郎集》，魯貞《桐山老農集》二有《送聶古伯主簿序》，疑同名異人也。傅習《元風雅》采聶古柏詩七首，其《番禺道中》一首，各家選本皆采之。末有句云"中朝耆舊如相問，鳥語啾啁正未堪"，竟笑吾粤爲觖舌南蠻，而不自審其出於何族也。

斡克莊，名斡玉倫徒，徒或作都，或作圖。西夏人。虞集弟子，《道園學古録》三九有《海樵説》，即爲斡玉倫徒作。《元文類》十八選虞集撰《西夏相斡公畫像讚》，斡公即玉倫徒之高祖。《元詩選》癸之丁，有斡玉倫徒詩，癸之戊又有王倫徒詩，"王"爲"玉"之訛，《元詩選》誤作二人。《虞伯生詩續編》卷首，有監丞玉倫徒詩，刻本亦或誤作"王"，《元風雅》則作"玉"，實一人也。斡玉倫徒爲纂修《宋史》二十三人之一，見《圭齋集》十三《進宋史表》。《陔餘叢考》十三刻本訛爲斡三倫徒，皆誤。

三廷圭，名三寶柱，畏吾人。《元史》一四四附《星吉傳》。《元詩選》癸之丙有三寶柱詩。

凡此諸人，其詩今日或傳或不傳，然在當日則皆有聲於時，然後爲戴良所論列也。

唐兀去中國最近，其地又頗崇儒術，習睹漢文，故入元以來，以詩名者較他族爲衆。余闕、斡玉倫徒之外，尚有張雄飛、昂吉、完澤等。

張雄飛，登延祐首科進士，與馬祖常、許有壬等同科，《至正集》三三有《張雄飛詩集序》，云"延祐首科，國人暨諸部列右榜者十六人，唐兀氏張君雄飛，首科右榜有聞者也。尤工於詩，佳章奇句，不可悉舉"云云。與《元史》之張雄飛字鵬舉者，同名異人，一漢人，一唐兀氏也。

昂吉字啓文，至正八年進士。楊維楨《送啓文會試詩》有“西涼家世東甌學，公子才名久擅場”之句。《玉山名勝集》有昂吉倡和詩，《元詩選》有《啓文集》。

完澤字蘭石，《西湖竹枝集》稱其聰敏過人，善讀書，尤工詩律。

《元詩選》二集有《子中集》。伯顏子中，亦西域人。《明史》一二四附《陳友定傳》。子中卒於洪武十二年，故《元史》無傳，濟陰丁之翰爲作傳，載《七修類稿》十六中。傳云：

伯顏，字子中，世家西域，其祖父宦江西，遂爲進賢人。幼讀書，通大義，稍長，無所好，惟耽典籍，手不釋卷。從釣臺夏溥習進士業，四以《春秋經》領江西鄉舉，授龍興路東湖書院山長，改建昌路儒學教授。壬辰兵興，全閩、二廣皆歸附國朝，伯顏由是潛形遁迹，隱約江湖間。以先世有墓廬在彭蠡之涯，乃卜進賢之北山，誅茅剪荆，躬自爲創竹屋三間，左圖右史，閉户澹如，時寓其忠憤於詞翰之間而已。洪武十二年己未秋，朝廷搜求博學老成之士，江西布政使沈本立（《明史》及《明史稿》作立本）聞伯顏名，遣從事以禮來徵。伯顏聞使者至，慨然曰：「是不可以口舌爭也。」先一夕具牲醴，作《七哀詩》，祭其先與昔時共事死節之士，復手書短歌一篇，飲藥而卒。

王禮《麟原集》卷四有《伯顏子中詩集序》，云：「子中既斷髮自廢爲民，忠憤邑鬱，仰屋浩嘆，付之無可奈何，而心不能自平，時時以其慷慨之情、憔悴之色，一寓於詩。又記其舊作，輯爲一卷，俾予序之。余三復而嘆曰：『美哉！渢渢乎殆有唐之正音，而陽明之氣也。』子中今無民社之責，將翔於青原白鷴之間，肆其力於文字，則余也葛巾野服，陪乎杖履之末，尚取新作玩繹之。」其推挹極矣。

西域人中，更有其詩不傳，而其詩集序跋尚見於他人文集，可以略窺其造詣者，有薛昂夫。《松雪齋文集》卷六有《薛昂夫詩集序》，云：「嗟夫！吾觀昂夫之詩，信乎學問之可以變化氣質也。昂夫西戎貴種，服羢裘，食湩酪，居逐水草，馳騁獵射，飽肉勇決，其風俗固然也。而昂夫乃事筆硯，讀書屬文，學爲儒生，發而爲詩樂府，皆激越慷慨，流麗閑婉，或累世爲儒者有所不及，斯亦奇矣。蓋昂夫嘗執弟子禮於須溪先生之門，其有得於須溪者，當不止於是。而余所見者詞章耳，他日昂夫爲學日深，德日進，道義之味，淵乎見於詞章之間，則余愛之敬之，又豈止於是哉！"

元時西域人華學之盛，論者輒謂與科舉有關，吾不謂然也。當延祐未興科舉前，如不忽木、回回、巙巙等，文采斐然，何嘗由於科舉！然此猶得謂不由科舉而由學校也。若廉希憲、瞻思、趙世延等，又何嘗出身學校！即以科舉既興論，貫雲石、迺賢、丁鶴年等，又何嘗出身科舉！馬祖常等出身科舉矣，而延祐首科即已中選，其文章學問，必早蓄於未興科舉之前，豈爲科舉而求學也。薛昂夫亦生於元初，科舉未興，未嘗入國學，徒以愛慕華學，執業於宋遺民劉辰翁之門，其華學遂燦然有爛，趙孟頫所以驚爲奇事，而深信學問之可以變化氣質也。

辰翁子將孫《養吾齋集》二四有《薛超吾字説》，云昂夫爲超吾之字，而不言爲西域人。《天下同文集》

十五有王德淵所爲《薛昂夫詩集序》，述昂夫家世較詳，以爲回鶻人能讀中夏之書，破天荒而出類拔萃也。曰："薛超吾，字昂夫，其氏族爲回鶻人，其名爲蒙古人，其字爲漢人。人之生世，封域不同，而能氏不忘祖，孝也；仕元朝明聖之代，名不忘國，忠也；讀中夏模範之書，免馬牛襟裾之誚，字不忘師，智也。惟孝與忠、智，根本立矣，文藻柯葉，又何難爲！今觀集中詩詞，新麗飄逸，如龍駒奮迅，有並驅八駿一日千里之想，振珂頓轡，未見其止。昂夫今甫三十有一，余欲與期之於十年之後，必有非復前日吳下之嘆。且金日磾珥貂於漢，哥舒翰建節於唐，□□（應是種人二字）率多武臣，少見文士，昂夫誠能篝進川增，獨破天荒，異時列名於儒林、文苑傳中，出類拔萃，超越前古，顧不偉歟！"

昂夫詩集今不傳，昂夫詩吾亦未一見，然由趙、王兩序之保證，不能不認爲西域詩人之一，固不得以其詩之不傳而屛之也。

西域詩人中，又有其詩傳者不多，而別以與詩有關係之著述傳者，則郝天挺之《唐詩鼓吹注》，及辛文房之《唐才子傳》是。蘇天爵爲《元文類》，搜輯殆二十年，而西域詩人僅采五家，馬祖常、高克恭、趙世延外，辛、郝二家而已。

郝天挺，字繼先，號新齋，出於朵魯別族。父和上拔都魯，以武功稱。天挺幼受業於遺山元好問之門，多所撰述，注《唐詩鼓吹》十卷外，又修《雲南實錄》五卷，事迹具《元史》本傳（卷一七四）。天挺色目人，而《元史》與漢人同列，一時失檢也。天挺詩傳者僅一二篇，其《麻姑山》一律，《元風雅》《元文類》並采之，而康熙御定《全金詩》四二乃據以補入金人之郝天挺卷中，不知金、元之間，有兩郝天挺，一爲元好問師，一爲好問弟子。《池北偶談》卷六、《元詩選》癸之乙先後辨之，《四庫提要》總集類三亦引《池北偶談》說，釋陸貽典之疑。乃《新元史》一四八《郝天挺傳》中，又羼入金人郝天挺語。原語見《中州集》卷九《郝天挺小傳》，《金史·隱逸傳》采之，曰：“讀書不爲藝文，選官不爲利養，唯通人能之。”又曰：“男子生世，不耐飢寒，則雖小事不能成，子試以吾言求之。”此元好問述其師郝天挺語，而《新元史》以爲是好問弟子郝天挺之言，亦一時失檢也，特附識於此。《唐詩鼓吹》者，元好問所編，而郝天挺注之，趙孟頫序云：

　　鼓吹者何？軍樂也。選唐詩而以是名之者何？譬之於樂，其猶鼓吹乎！遺山之意深矣。中書左丞郝公，當遺山先生無恙時，嘗學於其門，其親得於指教者，蓋非止於詩而已。公以經濟之才坐廟堂，以韋布之學研文字，出其博洽之餘，探隱發奧，人爲之傳，句爲之釋，或意在言外，或事出異書，公悉取而附見之，然後唐人之精神情性，始無所隱遁焉。嗟夫！唐人之於詩美矣，非遺山不能盡去取之工；遺山之意深矣，非公不能發比興之蘊。此政公惠後學之心，而亦遺山裒集是編之初意也。（《松雪齋文集》卷六）

　　趙序僅言天挺爲好問弟子，而未嘗注意其爲色目人。姚燧序則注意及之。曰：“鼓吹，軍樂也。遺山選唐詩近體六百餘篇，以是名。遺山代人，雲南參政郝公新齋，視爲鄉先生，自童子時嘗親几杖，得其去取之指歸，恐其遺忘，既輯所聞與奇文隱事之雜見他書者，悉附章下，則公可當元門忠臣。公將種也，父兄再世數人，皆長萬夫，於鼓吹之陪㙮稍而導繡幰者，似已飫聞，乃同文人詞士，以是選爲後部寂寂而自隨，無亦太希聲乎！其亦宏壯而震厲者，亦有時乎爲用也。"（《牧庵集》卷三）

則直以郝天挺爲原出將門，至是乃講求文學也。今通行本《唐詩鼓吹》，無趙、姚二序，而有徐乾學序。《四庫提要》謂："天挺所注，雖頗簡略，而但釋出典，不涉穿鑿，與明廖文炳等所解橫生枝節者不同。"廖文炳爲吾鄉人。觀今通行本，廖文炳等所解，卒不能廢，蓋初學便之也。

辛文房亦有詩名，陸友《研北雜志》云："王伯益執謙以字行，大名人。同時有辛文房良史，西域人，楊載仲弘，浦城人，並以能詩稱。"《楊仲弘集》卷七有《元日早朝，次韵辛良史》七律一首，《句曲外史集》卷四亦有《元日雪霽，早朝大明宮，和辛良史省郎二十二韵》。辛文房詩，不多見，《元文類》卷四、卷八載其《蘇小小歌》及《清明日游太傅林亭》二篇，《四庫提要》傳記類二謂僅一篇者，沿《池北偶談》十二說也。王士禛據《楊東里集》卷十，知辛文房有《唐才子傳》，恨不得見。乾隆時纂《四庫全書》，始在《永樂大典》中輯爲八卷。後三間草堂、粵雅堂得日本刊足本十卷重雕之，此書遂復傳於世，孰料西域人乃有此著述也。《四庫提要》稱其“較《唐詩紀事》敘述有條理，文筆亦秀潤可觀，傳後綴論，多捃摭詩家利病，足以津逮藝林”。伍崇曜跋稱其“評騭精審，似鍾嶸《詩品》；標舉新穎，似劉義慶《世說》；而敘次古雅，則又與皇甫謐《高士傳》等相同”，稱之者至矣。惟《唐才子傳》三百九十七人中，無一西域人焉，則運會之異也。予在馬祖常《石田集》，發見文房有《披沙詩集》，與唐李咸用詩集同名，恨未得見，安得如《唐才子傳》之復出人間也。茲將《石田集》卷二《題辛良史披沙集》詩錄下，亦可窺見文房詩格之一斑。詩云：

未可披沙揀，黄金抵白多，悠悠今古意，落落

短長歌。秋塞鳴霜鎧，春房剪畫羅，吟邊變余髮，
蕭颯是陰何。

陰、何，陰鏗、何遜也。以此相比，深許之矣。無惑
乎其與王執謙等齊名，而楊載等與之倡和也。

西域人有不以詩名，而由贈詩者之衆，亦可知其
人之風雅。楊翮《佩玉齋類稿》卷四有《送馬彥翬赴
江西省管勾詩序》，曰："金陵寓官馬彥翬，由進士爲
江西行省管勾。行有日，其故人劉獻可具請於彥翬之
所嘗與游尤長於詩者，詠歌之以張其行，得詩一卷，
謂上元楊翮習文詞，宜爲序，虛其右方屬焉。予惟金
陵爲江左文物之邦，歷晉、宋、齊、梁、陳及南唐爲
都會，其俗特善歌詩。天朝克定季宋，金陵獨未嘗被
兵，涵煦五六十載，人才輩出。彥翬自早歲寓金陵，
有賢名，與合郡之學士大夫盡交焉，故其上官之日，
具得其詩，而四方秀人名公卿之在金陵者，亦附詩卷
中，由是卷之詩美且富。惟彥翬以西域世冑，入天子
太學，擢右科進士，其年正强，才德方懋，憲官御史將
交章論薦，何假於詩。然江西幕府，若大梁崔公、河南

王公，皆當世之號能詩者，彥璧往而有同寅之好，他日將從容取吾鄉之詩而觀之，則是詩烏可少。”

又有官於此縣，而他縣人贈之詩者。如安仁縣人之於弋陽縣監縣阿里是也。李存，安仁人，安仁爲弋陽之鄰縣，而《俟庵集》十九有《弋陽縣阿里公宣差詩卷序》，云：“至正四年秋，西域阿里公受命於朝，來監信之弋陽縣。公世居燕南，以孝友稱，故御史季公、學士賈公、參政蘇公、郎中王公，或詩以美之，或文以紀之。前乎此嘗監膠水，有惠政，其民述而刻之石。今茲未幾，而邑人歌詠之者，復盈耳而載路。顧安仁之於弋陽也，壤地相接，聞而知之，亦有不能已於言者，桂君才甫集而次焉，何其聲之似弋陽也。”

此真有合於風人之旨者也。不問其本人是否能詩，然邦人士既各以詩投之，則其人必爲風雅之士。

二　基督教世家之中國詩人

馬潤　　馬祖常　　馬世德

雅琥（別都魯沙）

西域詩人中有爲基督教世家者，莫著於雍古馬氏。馬祖常父馬潤，所爲詩，曰《樵隱集》，見袁桷所撰神道碑，此馬祖常之家學也。《樵隱集》今不傳。馬祖常《石田集》則至元五年奉旨爲之刊行，蘇天爵序稱其詩"接武隋唐，上追漢魏，後生爭慕效之，文章爲之一變"。《四庫提要》亦稱"其詩才力富健，如《都門壯游》諸作，長篇巨制，回薄奔騰，具有不受羈勒之氣"。集中昆仲倡和之作亦夥，風流文采，萃於一門，彬彬稱盛矣。

祖常從父馬世德，爲保禄賜之子。由進士第，歷官應奉翰林文字，曾爲庸田僉事，城姑蘇；後爲淮南廉訪僉事，又城合肥。余闕《青陽集》有《合肥修城記》，即頌馬世德之功德者也。記稱"世德字元臣，也里可溫國人，與余前後爲史氏"云。世德亦工詩，《元詩選》癸之丁有馬世德《過靈泉寺》二絶，云"世德浚儀人，官刑部尚書"，而闕其字。考馬氏自祖常高祖習禮吉思始遷浚都，《西湖竹枝集》稱馬祖常爲浚儀可溫人，是也。《元詩選》癸之己有潘煌《陪侍尚書元臣公寓靈泉寺詩》，由此可知過靈泉寺之尚書馬世德，即合肥修城字元臣之馬世德，城合肥時爲淮南廉訪僉事，過靈泉寺時爲刑部尚書也。《元詩選》癸之癸據王賓《虎丘山志》，有馬世德《題虎丘詩》，遂別出一馬世德，不知即爲過靈泉寺之人，由其曾城姑蘇一事推之，則題虎丘正其爲庸田僉事時也。今録其詩如下，亦足覘其鱗爪。

滄海何年涌此峰，亭亭秀出玉芙蓉。高低樓觀毗盧室，表裏江山太白封。寶劍有時能化虎，石潭無際却潜龍。小吴軒畔登臨處，致我青雲第一重。

馬氏而外，基督教世家詩人當推雅琥。雅琥，字正卿，《元詩選》二集有《正卿集》。顧何以知雅琥爲基督教世家，其證有三：一、《傅與礪詩文集》卷三有《憶昔行》，送雅琥正卿參書南歸作，原注"初名雅古，登天曆第，御筆改雅琥"。雅古爲亞伯拉罕之孫，基督教徒恒以此爲名，《元詩選》此詩，猶存此注，《康熙御選元詩》卷五將此注删去，而雅琥爲基督教世家之證據，缺其一矣；二、孫原理選《元音》卷九采雅琥詩，稱爲可温人。曹學佺《歷代詩選》，元

104

詩卷七雅正卿詩，亦題“元可溫雅琥著”，此與《西湖竹枝集》之稱馬祖常爲可溫人同一例，蓋也里可溫之省文也。四庫本《元音》卷七改爲“雅哈，袞諾爾人”，令人不知爲何語，謬甚；三、《元秘書監志》卷十題名“著作佐郎雅古，賜進士出身，字正卿，也里可溫人。泰定元年十一月二十六日以承事郎上”。爲著作佐郎在前，登進士第在後，故志仍雅古名，而追紀其賜進士出身也。有此三證，雅琥之爲基督教世家無疑問矣。琥曾爲奎章閣參書，《元史》三五《文宗紀》“至順二年三月，御史臺臣言奎章閣參書雅琥阿媚奸臣，所爲不法，宜罷其職”。所謂奸臣者，泰定帝時宰相倒刺沙、烏伯都刺等，文宗黨惡之，目爲奸臣。魏源《元史新編》四一平反之，允也，不足爲雅琥病。馬祖常《石田集》卷九有《送雅琥參書之官静江詩序》，云：“雅正卿以文學才諝遇知於天子，出貳郡治，館閣僚友及京師聲明之士，各忻然爲文章以美其行，而請余爲之序。”雅琥詩名藉甚，瞿佑《歸田詩話》卷下盛稱其《御溝流葉詩》，云：雅正卿有《四美人圖詩》，惟《御溝流葉》最佳。詩云：“彩毫將恨付霜紅，恨自綿綿水自東。金屋有關防虎豹，玉書無路託鱗鴻。秋期暗度驚催織，春信潛通誤守宮。莫道人間音問杳，明年錦樹又西風。"琢句甚工。

胡應麟《詩藪外編》六論元詩，亟賞馬伯庸"吳娃蕩槳潮生浦，楚客吹簫月滿樓"，雅正卿"梅花路近偏逢雪，桃葉波平好渡江"，"一聲鐵笛千家月，十幅蒲帆萬里風"等句，以爲"句格莊嚴，詞藻瑰麗，上接大曆、元和之軌，下開正德、嘉靖之途。今以元人，一概不復過目，故稍爲拈出，以俟知音"云。可見元人之詩，久不在明人目中也。

貴遠賤近，嚮聲背實，自古而然，賢者不免。即雅琥本人之論詩，亦嘗犯此病。許有壬跋雅琥所藏鮮于伯機《詞翰》云："鮮于伯機詩，予知之已四十年，吉甫段君慨言人知其書，詩則知否相半。予方自幸在知者之中，而夷陵監郡雅琥正卿知之雖晚，愛之甚篤。正卿素言晉後雖有書，終不能如晉，唐後雖有詩，終不能如唐。予謂詩發於人心，天地無窮，人心無窮，不當主世代計也。書視詩，又藝之藝耳，正卿不屈也。及其觀伯機書，則謂真《十七帖》，觀其詩，又謂軼蘇州，入彭澤矣。若然，則晉、唐而後，書復有晉，詩復有唐矣。予非好勝，竊喜因正卿之言，使不知伯機之半，行皆左袒，且以釋吉甫之慨焉。"（《至正集》七三）則雅琥初持復古論，繼亦改持進化論者，許有壬嘲之，亦藝林佳話也。

雅琥婿別都魯沙，亦有詩名，黃鎮成《秋聲集》卷三，有雅正卿婿別都魯沙《迓憲使歸漢陽》詩。

三　回回教世家之中國詩人

薩都剌　　　　丁鶴年（吉雅謨丁、愛理沙）

魯至道（哲馬魯丁、別里沙、仉機沙）　　　買閭

回回教世家之詩人，莫著於薩都剌、丁鶴年。薩都剌字天錫，有《雁門集》傳世，毛晉跋之曰："天錫以北方之裔，而入中華，日弄柔翰，遂成南國名家。今其詩諸體俱備，磊落激昂，不獵前人一字。半山云'看似尋常最奇崛，成如容易却艱辛'，余於天錫亦云。"顧嗣立《元詩選・薩都剌小傳》云"有元之興，西北子弟，盡爲橫經，涵養既深，異才並出，雲石海涯、馬伯庸以綺麗清新之派，振起於前，而天錫繼之，

清而不佻，麗而不縟，真能於袁、趙、虞、楊之外，別開生面者也。於是雅正卿、達兼善、迺易之、余廷心諸人，各逞才華，標奇競秀，亦可謂極一時之盛"云。

顧何以謂薩都剌爲回回教世家？一、據楊維楨《西湖竹枝集》，謂"薩都剌爲答失蠻氏"，答失蠻者，長春真人《西游記》譯爲大石馬，云"國中有稱大石馬者，識其國字，專掌簿籍"是也。《元史》二三《武宗紀》："至大二年六月，宣政院奏免儒、道、也里可温、答失蠻租税。"錢大昕《廿二史考異·元史二》據《元典章》，謂"答失蠻，爲回回之修行者"，《至元辨僞録》卷三作達失蠻。此可證薩都剌爲回回人也。二、據陶宗儀《書史會要》卷七謂"薩都剌爲回紇人"。回紇，唐元和間改爲回鶻，其族類本在葱嶺之東，夙奉摩尼教，與回回之在葱嶺以西奉伊斯蘭教者迴殊，五代時回鶻既衰，漸有改奉伊斯蘭教者。元初諸人對此等外教，多不能辨別，故統目之爲回紇。長春《西游記》、劉郁《西使記》之所謂回紇，皆指伊斯蘭教國也。其後漸覺有不同，於是以畏吾、偉兀等代表昔日之回鶻，以回回代表奉伊斯蘭教之回紇，凡《元史》所謂畏吾兒者回鶻也，其稱回紇者回回也。王惲《玉堂嘉話》卷三云"回鶻今外五，回紇今回回"是也。《元史·太祖紀》"汪罕走河西、回鶻、回回三國"，是元人目中回鶻與回回二也。卷十《世祖紀》言回回人中阿合馬才任宰相，而《奸臣傳》則稱阿合馬爲回紇人，是元人目中回紇與回回一也。余將有專論詳之，此不過證明薩都剌爲回回人而已。

更有謂薩都剌非回回人，而適足反證其爲回回人者。蔣一葵《堯山堂外紀》卷七二，謂"薩都剌本朱氏子，冒爲西域回回人"，其說本之孔齊《至正直記》。正可證明薩都剌當時必自認爲回回人，而人亦以回回人目之，然後可詆爲冒也。至於"朱氏子"云云，實因回回教人不食豕肉，諱言猪，猪與朱音同，謂其爲朱氏子者，誣之也。加異教以惡謚，自昔有之，《輟耕錄》廿八有《嘲回回》一條，薄俗也。今《雁門集》卷首有薩都剌遺像，其丰采純然一回回人。集中《客中九日詩》，有"佳節相逢作遠商"之句，薩都剌曾爲商，遠商亦波斯、大食人本俗。據《薩氏家譜》，薩都剌弟名剌忽丁，剌忽丁回回教人名也。《四庫提要》因干文傳《雁門集序》有"薩都剌即華人所謂濟善"一語，曲解薩都剌爲蒙古語，遂謂薩都剌爲蒙古人，謬甚。至於薩都剌本人，是否仍守回回舊俗，實一疑問，其《溪行中秋玩月詩》，則固以儒自命，曰"有子在官名在儒"，此西域人習華學者之通例也。

薩都剌而後，回回教詩人首推丁鶴年。丁鶴年由儒入禪，前篇已詳論之，至其詩則實爲元季詩人後勁。戴良《鶴年吟稿序》稱："鶴年古體歌行，皆清麗可喜，而注意之深，用工之至，尤在於五七言律。其措辭命意，多出杜子美，而音節格調，則又兼得我朝諸閣老之所長，其入人之深，感人之妙，有非他詩人之所可及。"今《鶴年集》通行者有二本，《藝海珠塵》本三卷，題曰《丁孝子詩集》；《琳琅秘室叢書》本四卷，題曰《丁鶴年集》。以余所考，二本所收，皆明刻，而黃丕烈諸人則以四卷本爲元刻，不知其一時疏略，抑自欺欺人也。黃丕烈跋云："此元刻元人丁鶴年詩，余友顧澗濱歲試玉峰時所收，而以歸之余者也。余向藏正統重刻本，止三卷，今元本分四集，一曰《海巢集》，二曰《哀思集》，三曰《方外集》，四曰《續集》，以附錄終焉。嘗取與明刻校勘，分卷分體，俱非其舊，即如《海巢》一詩，元刻在卷一，或以是名集，職是之故，明刻列諸卷二中，失其旨矣。他如《哀思》以下三卷，皆有取意，而後之稱者，僅據至仁一序，悉以《海巢》名之，有是理乎！得此可證廬山面目，益嘆元本之不致淪沒者幾希。"此黄丕烈以四卷本爲元刻本之説也。然試一考本集内容，則《夢得先妣墓》一首在焉。序云"己未夏五月，還武昌遷葬。兵後陵谷變遷，先妣封樹，竟迷所在，久尋不得，露禱大雪中。冬十一月廿日夜，忽感異夢，翌日遂得其處，賦詩一首，以紀歲月"云。己未，洪武十二年也，元刻何能有洪武詩。此非元刻，證一。鶴年還武昌在洪武十二年，而集中《守墓陳情上武昌太守傅藻》詩，於"太守承恩下玉京"及"擁經東出辭儲館"等句，"恩"字另行平抬，"玉京""儲館"，均空一格。此爲明刻，證二。鶴年從兄馬元德，卒於昌國州任，當其任昌國前，曾任奉化州。劉仁本《羽庭集》卷五有《送馬侯元德任奉化州序》，爲至正二十

111

二年夏作，則元德之卒，至早亦當在至正廿三四年，而集中有"先兄太守死事之十有七年，於故史董文中家見所題竹詩，因雪涕次其韵"一首，又當在洪武己未後矣。此非元刻，證三。又其第四卷《續集》，爲門人向誠編次，注曰"兵後還武昌作"，則此卷更爲入明以後作可知。故《挽衛知事胡公鼎》有云"江海論交四十年，故家文物羨君賢"，若爲元刻，則元亡鶴年才三十三歲，豈能説論交四十年耶！此非元刻，證四。據《明史・文苑傳》，至正壬辰，武昌被兵，鶴年奉母出走，年僅十八，由此至洪武己未還武昌，中間二十八年，鶴年年四十五矣。故《逃禪室述懷》有"他鄉二十年"之句，《兵後還武昌》有"亂後還家兩鬢蒼"之句。顧廣圻、黃丕烈亦明知此集在還武昌遷葬以後作，顧題詞云"須知《海巢集》，只説武昌前"，黃題詞云"廬墓全親孝，居山謝世緣"是也。然何以不一考鶴年還武昌廬墓係在何年，而遽斷此爲元刻，此真不可解矣。其始顧廣圻以紿黃丕烈，而黃丕烈誤信之，其後張金吾以假胡珽，而胡珽刊之校之，皆不復考究，甚矣版本家之不可靠也。

抑有言者，此本戴良序，末署"至正甲午秋"云云，亦殊誤也。至正甲午，鶴年才二十耳，而序末云"鶴年之清節峻行，已別有傳，兹不著"，是此序之作，尚在《高士傳》後，而《高士傳》述鶴年事，已至其避地四明時，非至正甲午，一也。《高士傳》述壬辰淮兵襲武昌，鶴年奉母夫人以行。夫人沒，鶴年鹽酪不入口者五年，壬辰之後，加以五年，至少亦在丁酉，非甲午，二也。至正甲午，去元亡之年尚十有三年，而序中有"鶴年遭夫氣運之適衰"一語，曾謂甲午而有是言耶！非甲午，三也。序又言"鶴年伯氏之登進士第者三人，其一即任奉化州之馬元德"。據《雍正浙江志》一五二引《成化四明志》，馬元德至正十七年丁酉進士，尚在甲午後三年，非甲午，四也。據《九靈山房集》，此序在《鄞游稿》內，亦惟《鄞游稿》始有與鶴年倡和詩。至正甲午，鶴年未至鄞，戴良亦未游鄞，非甲午，五也。以余考之，甲午當爲丙午之訛。丙午爲元亡之前二年，時東南已非元有，故可云"氣運之適衰"。《九靈山房·鄞游集》八《余闕公手帖後題》云："至正丙午秋，良與臨安劉庸道，同

113

客四明。"末署九月朔，此序之作，當同在此時，時鶴年避地四明，而戴良適游鄞也。《鄞游集》傳第一篇，爲《高士傳》，序第一篇，爲《鶴年吟稿序》，題跋第一篇，爲《余闕公手帖後題》。就編輯常理言，此三篇部居同，其撰著之時當同。《余闕公手帖後題》爲丙午九月作，此序爲丙午秋作，毫無假借。序作於至正丙午，二人適同居鄞，而集則刻於洪武己未鶴年還武昌之後。其丙午誤爲甲午者，猶之《雁門集》干文傳序之至正丁亥誤爲丁丑也。至正無丁丑，薩龍光《雁門集注》以爲己丑之訛，據日人島田翰刻永和本《薩天錫逸詩序》，則丁丑實爲丁酉，亦不确。兩回教詩人集序干支均誤，可謂無獨有偶矣。胡珽校刊此集時，一字不苟，而於此等緊要關目，獨遺略之。其識語又云"此集《四庫全書》止有一卷"，今考《四庫》本實三卷，而《總目》《簡明目錄》誤爲一卷，不應遽信《總目》而不考閣書之實在也。《四庫總目》謬誤恒有，烏斯道作《丁孝子傳》，未嘗以申屠蟠比鶴年，而《總目》謂烏斯道、戴良爲作傳，皆以申屠蟠擬之。《高士傳》謂吉雅謨丁爲鶴年從兄，而《總目》

謂爲鶴年長兄，皆欠精審也。

至鶴年之高行，間世猶稱道之。全祖望《鮚埼亭集·外編》十八有《海巢記》，云"殘元遺民，以文苑巨子，不屈節，而爲吾鄉之寓公者三人：九靈戴先生良，玉笥張先生憲，暨丁先生鶴年也。鶴年以朝不坐燕不與之身，豈有故國故君之寄託，況又出自西域，非有中原華閥之繫望，乃欲以藜牀皂帽，支持一代之星火，其亦間世之豪杰也已。至鶴年之詩，頡頏於馬伯庸、薩天錫、余廷心之間，則前輩表章已多，尚其小焉者"云。

吉雅謨丁，字元德，亦有詩名。戴良有《題馬元德伯仲詩後》（《鄞游稿》八）曰："元德騎鯨上天六七年矣，平生詩詞流落人間者，六丁取之殆盡，獨此三詩，猶爲其弟鶴年所蓄。鶴年聯之爲卷，且追書和答之作，並題四韵於後。予得而讀之，於是知二君之詩爲足傳矣。"今《鶴年集》附有吉雅謨丁與愛理沙詩，愛理沙字允中，亦鶴年兄，至正間進士，官應奉翰林文字。

戴良《鶴年集序》舉西域詩人十二人，中有魯至道。至道潭州路總管，楊瑀《山居新話》有魯至道

《挽樊時中、寶哥兩參政詩》，《元詩選》缺載。王逢《梧溪集》有《訪魯至道總管詩》；《元秘書監志》卷九有"伯篤魯丁，字至道，進士，至正元年四月由禮部侍郎遷秘書太監"，當即此人。《元詩選》癸之丁有伯篤曾丁《浮云寺詩》："答失蠻人，進士，至元三年任嶺南廣西道肅政廉訪副使"，癸之己有唐兀氏買住《和伯篤魯丁浮云寺詩》，則"曾"爲"魯"之訛，即魯至道也。

其他回回教詩人之見於《元詩選》者，癸之丙有哲馬魯丁，字師魯，鎮江儒學教授。癸之丁有別里沙，字彥誠，《西湖竹枝集》作別羅沙，而癸之戊又別出別羅沙，一人重出也。癸之辛有仉機沙，字大用，顧嗣立疑即《西湖竹枝集》之掌機沙，然掌機沙字密卿，當另一人也。

回回教詩人中有爲《元詩選》所不及選，而見於賴良《大雅集》者，曰買閭。買閭字兼善，《大雅集》選其詩至十篇，稱爲會稽人，《御選元詩》稱爲西域人。王逢《梧溪集》卷四有《贈買閭教授詩》，序云：買閭字兼善，西域人。元初，祖哈只仕江南，遂家上虞。父亦不剌金，力資兼善學，以禮經領至正壬寅鄉貢，擢尹和靖書院山長。禮部尚書李公尚絧言之朝，敕授嘉興儒學教授。會政屬淮闔，屏居幽遐。今春，訪予最閑園，風雨花落，離索滿目。觀其志尚孤卓，殆忘世之薦變，身之益貧也，乃酌之酒贈之詩云：

> 顯印西域士，鄉薦十年前，隴畝心中越，山河枕上燕。尊同漂梗地，門掃落花天，慕殺柴桑老，詩題甲子編。

余因其祖名哈只，父名亦不剌金，知爲回回教世家。哈只爲曾朝天房者之稱。亦不剌金或譯亞伯拉罕，回回教人恒用以爲名也。

四　西域之中國文家

趙世延	馬祖常	余闕
孟昉	貫雲石	贍思（亦祖丁）
察罕		

考元西域文家，比考元西域詩家其難數倍。因元

西域人專集，其傳者類皆有詩無文，而元詩總集今傳者尚衆，如《元風雅》《草堂雅集》《大雅集》《乾坤清氣集》《元音》《元詩體要》等，皆元末明初人選本，復有陳焯《宋元詩會》、顧嗣立《元詩選》、《康熙御選元詩》等集其大成，一展卷而西域詩人悉備。至於西域人專集之詩文並傳者，今只有馬祖常、余闕二家。元文總集只有《天下同文集》及《元文類》，《同文集》限於大德以前，西域人作品無有；《元文類》詩有五家，文有馬祖常、趙世延二家，趙世延只有《南唐書序》一首。至正間，詔修遼、金、宋三史，西域人預纂修之役者，《遼史》有廉惠山海牙，《金史》有沙剌班、伯顏師聖，《宋史》有斡玉倫徒、泰不華、余闕，皆一時之雋。至順間，詔修《經世大典》，趙世延爲總纂，虞集爲其副，然官書公同編纂，不能確指某篇爲某人手筆也。王士禎論馬祖常《石田文集》云：“元代文章極盛，色目人著名者尤多，如祖常及趙世延、李术魯翀、康里巎巎、貫雲石、辛文房、薩都剌輩，皆是也。”（《居易錄》卷二）然薩都剌以詩名，巎巎以書名，其文並不概見。貫雲石詩文爲程鉅夫、

118

鄧文原所稱述，而文亦不傳。辛文房《唐才子傳》，志在談詩，雖非專意爲文，而文尚琅琅可誦。孛术魯翀則係出女直，本不列於色目人，則元西域人之文實寥寥可數也。

趙世延文傳者《南唐書序》外，有《茅山志序》，見《道藏》；有《天禧寺碑》，見《金陵古金石考》；有《靈谷寺鐘銘》，見《靈谷寺志》；有《鐘山崇禧萬壽寺碑》，見《客座贅語》。據《寰宇訪碑錄》，則有：

加封聖號詔碑（皇慶二年）	長安
重陽宮敕藏御服碑（延祐二年，趙孟頫書）	盩厔（余藏有拓本）
東嶽廟昭德殿碑（天曆三年三月）	大都
白云崇福觀碑（元統元年）	句容
任城郡公札思忽兒鰥墓碣（後至元三年三月）	濟南（《攈古錄》作濟寧）

《元史》一八〇《世延傳》稱"世延爲文章，波瀾浩瀚，一根於理"，惜乎存者不多也。《永樂大典》臺字韵有世延撰《御史臺題名記》，刪節不全。

論西域文家，仍推馬祖常。今《石田文集》完全具在，且有影印本行世。蘇天爵序稱："公少嗜學，非三代兩漢之書不觀。文則富麗而有法，新奇而不鑿。"故《元文類》選祖常文多至二十一篇，爲全集之冠。而《石田文集》亦天爵與祖常從弟易朔所輯，請旨刊諸維揚郡學者也。易朔爲基督教徒恒用之名，近譯以撒，亞伯拉罕之子，雅各之父也。

馬祖常外，西域文家厥推余闕。闕以忠烈顯，重其人者兼重其文，故《青陽集》傳本較多，有五卷本，有六卷本，有明刊九卷本。《四庫》本六卷，《總目》《簡明目錄》誤作四卷。史稱其"爲文有氣魄，能達所欲言"。原集具在，吾人可自得之。《元文類》不錄其文，實因其行輩較晚也。

與余闕同時，同爲唐兀人，而以古文名者有孟昉。《元史類編》三六《文翰傳》"孟昉，字天暐，西域人，寓居北平。至正中，由翰林待制官南臺御史。工書法，有《孟待制文集》。多歌曲，精究聲韵之學"云。《孟待制文集》，《千頃堂書目》尚存。陳基《夷白齋集》二二有序，稱爲西夏人，《傅與礪文集》卷四有《孟天暐文稿序》，稱爲河東人，蓋唐兀氏也。孟昉文不多見,《元詩選》癸之辛有《十二月樂詞》,並序一篇,《兩浙金石志》十八有《杭州路重建廟學記》一篇,略可見其梗概。惟余闕、蘇天爵、宋褧等集,均有《題孟天暐擬古文後》。《青陽集》卷五云:"孟君天暐,善模仿先秦文章,多似之。"《滋溪文稿》卷三云:"太原孟天暐,學博而識敏,氣清而文奇。觀所擬先秦、西漢諸篇,步趨之卓,言語之工,蓋欲杰出一世。"《燕石集》十五云:"河東孟君天暐,明敏英妙,質美而行懿。嘗擬先秦、西漢諸作,摹仿工緻,大夫士皆與之。"由此觀之,則孟昉古文,實開後來李夢陽、何景明一派,特余闕等對之皆有微詞耳。

至貫雲石,則本爲元古文家姚燧弟子。歐陽玄《貫公神道碑》稱:"燧見其古文峭厲有法,及歌行古樂府,慷慨激烈,大奇其才。惜不永年,年僅三十九。有碑銘、記叙、雜著、詩詞行世。"今其文不可得見,僅《元詩選》輯録其詩,讀鄧文原《貫公文集序》,亦可知其造詣所至。序云:"余往在詞林,獲事翰林承旨姚先生,於當世文章士,少許可,然每稱貫公妙齡,才氣英邁,宜居代言之選。越二年,公來游錢塘，過余，相見若平生歡。示所著詩若文，予讀之盡編，而知公之才氣英邁，信如先生所言，宜其詞章馳騁上下，如天驥擺脫羈羈，一踔千里，而王良、造父，爲之愕眙却顧。吁，亦奇矣！儒先有言，古之名將，必出於奇，然後能勝，然非審於爲計不能，此天下偉男子所爲，非拘牽常格之士所知也。公之先大父丞相長沙王，功在旂常，公襲其休澤，嘗爲萬夫長，韜略固其素嫻，詞章變化，豈亦有得於此乎！如予者，自少好爲文，僅謹守繩尺自程，終亦不能奇也，視公能不有愧哉！嘗觀古今能文之士，多出於羈愁草野，今公生長富貴，不爲燕酣綺靡是尚，而與布衣韋帶角其技，以自爲樂，此誠世所不能者。夫名者天下之公器也，公亦愼勿多取也夫。"（《巴西集》上）亦傾慕之至矣。程鉅夫亦有《酸齋詩文跋》，云："故勛臣楚國武定公之孫酸齋，皇慶二年二月，拜翰林侍讀學士，與余同僚，因出此稿。余讀至《送弟之永州序》，懇款教告，五七言詩、長短句，情景淪至，乃嘆曰：妙年所詣已如此！聽其言，審其文，蓋功名富貴有不足易其樂者，世德之流，詎可涯哉！"（《雪樓集》二五）惜今傳者詩詞而外，文僅《陽春白雪集》一序而已。

元西域人中有著述甚富而文亦不傳者，爲大食國人贍思。贍思事迹具《儒學篇》。其所著，於經有《四書闕疑》《五經思問》，於易有《奇偶陰陽消息圖》，於史有《西域異人傳》《金哀宗紀》《正大諸臣列傳》，於地理有《鎮陽風土記》《續東陽志》《重訂河防通議》《西國圖經》，於子有《老莊精詣》，於法家有《審聽要訣》，於集有文集三十卷。皆見《元史》一九〇本傳。《千頃堂書目》悉著於録。今存者只《河防通議》二卷，輯於《永樂大典》，餘皆不可得見。吾嘗在《常山貞石志》發見贍思文五篇，五篇中關涉佛教者占其三，則贍思誠九流三教無所不通者也，真可謂異人矣。今介紹其目如下，倘好事者再事搜羅，所得當不止此。

加號大成詔書碑陰記（至治　獲鹿（見《常山貞

三年五月）　　　　　石志》十九）

哈珊神道碑（隸書，並篆　欒城

額，至順三年十二月）

善衆寺創建方丈記（並篆　欒城（見《常山貞
額，元統三年二月）　　　　石志》廿一）

龍興寺鈔主通照大師碑（至　正定
正六年八月）

龍興寺住持佛光弘教大師碑　正定（見《常山貞
（年月同上）　　　　　　　石志》廿二）

《詔書碑陰記》署真定贍思識，《善衆寺方丈記》
署大食贍思記，贍思不忘大食也。余藏有此碑拓本。
善衆寺在直隸欒城，《同治欒城志》十四亦載此碑，而
《寰宇訪碑錄》十二誤作陝西，元統三年亦誤作元
年，趙之謙《補錄》不誤。

元統中有亦祖丁，撰《魏鄭公諫錄序》，亦回
回也。

西域人中有文名不甚顯，而能盡翻譯之能事者，
有察罕。察罕，西域板勒紇城人，魁偉穎悟，博覽強
記，通諸國字書。暮年居德安白雲山別墅，以白雲自
號。《程雪樓集》卷廿九《壽白雲山人詩》，有“白雲
山人起西域，陽春爲心玉爲德”之句。“嘗譯《貞觀政
要》以獻，帝大悅，詔繕寫遍賜左右。且詔譯《帝

124

範》，又命譯《脫必赤顔》，名曰《聖武開天記》，及
《紀年纂要》《太宗平金始末》等書，俱付史館。"
（《元史》一三七）前二書譯漢爲蕃，《聖武開天記》則
譯蕃爲漢也。《脫必赤顔》疑即今所傳《元秘史》。黄
虞稷撰《千頃堂書目》，諸書尚存。元人本有白話文
一派，察罕所譯，未必悉爲白話文，今黎崱《安南志
略》有察罕序，辭旨典雅，足窺察罕文品一斑。"察
罕"蒙古語爲"白"，故察罕賜姓白氏。徐明善《芳谷
集》卷二有《白雲察罕平章賜姓白氏序》，以白居易
比之，想其文老嫗都解耶！此亦元西域文家應備之一
派也。

五　西域之中國曲家

貫雲石　　　　馬九臯　　　　璅非復初

不忽木　　　　蘭楚芳等（十二人）

元人文學之特色，尤在詞曲，而西域人之以曲名
者，亦不乏人，貫雲石其最著也。楊朝英《朝野新聲
太平樂府》，選雲石曲至夥，如《塞鴻秋》、《殿前
觀》、《水仙子》、《清江引》、《憑闌人》、《陽春曲》、

《醉高歌》、《上小樓》、《點絳唇》、《新水令》、《鬥鵪鶉》、《好觀音》諸調，皆有雲石作品。雲石之曲，不獨在西域人中有聲，即在漢人中亦可稱絕唱也。姚桐壽言海鹽人以能歌名於浙右，而其始實得自雲石之傳。其所著《樂郊私語》云："州少年多善歌樂府，其傳皆出於澉川楊氏。當康惠公存時，節俠風流，善音律，與武林阿里海涯之子雲石交善。雲石翩翩公子，無論所制樂府散套，駿逸為當行之冠，即歌聲高引，可徹云漢，而康惠獨得其傳。"所謂州，海鹽也。康惠，楊梓也。雲石為阿里海涯之孫，云子者，傳寫訛也。姚桐壽以海鹽之曲推楊氏，而楊氏實傳諸雲石，則雲石為當時宗匠可知也。王士禎《香祖筆記》卷一云："今世俗所謂海鹽腔，實發於貫酸齋，源流遠矣。"酸齋，雲石號。選《太平樂府》之楊朝英號淡齋。淡齋與酸齋游，酸齋曰："我酸子當淡。"遂以號之。語見《太平樂府序》。同時有徐姓者，號甜齋，亦負時名，人稱酸甜樂府，皆一時佳話也。

雲石而外，西域人中善歌者有馬九皋。《太平樂府》選九皋作品亦多，有《寒鴻秋》《叨叨令》《慶東原》《陽春曲》《山坡羊》諸曲。據陶宗儀《書史會要補遺》："九皋回紇人，以篆書名，太平路總管。"蓋能歌兼能篆者也。《太平樂府》又有阿里耀卿、里西瑛、沙正卿、孛羅諸人作品。西瑛爲耀卿子，觀其氏名，疑皆西域人，以未有確證不述。使馬九皋而無《書史會要》之證明，亦無由知其爲回紇也。元人目中所謂回紇即回回，而回鶻則畏吾兒也，辨見前章，不復贅。《道園學古錄》二八有《寄三衢守馬九皋》詩，知九皋曾爲三衢守，《雁門集》則有《三衢守馬昂夫索題爛柯山石橋》詩，又有《寄馬昂夫總管》詩，薩龍光注（十二）謂是一人，先爲三衢守，後爲太平路總管也。《元風雅》有馬昂夫《送僧》詩，注曰達魯花赤，疑即此人。然《元曲選》載涵虛子《詞品》，評元代曲家，有云：

貫酸齋如天馬脫羈，馬九皋如松陰鳴鶴，阿魯威如鶴唳青霄，薩天錫如天風環珮，薛昂夫如雪窗翠竹，不忽木如閒云出岫，馬昂夫如秋蘭獨茂。

127

是分馬九皋、馬昂夫爲二人也。

余在周德清《中原音韵》，發見有西域人瑣非復初者，精音律，爲德清所推服。德清《中原音韵後序》云："泰定甲子秋，予既作《中原音韵》並起例，訪西域友人瑣非復初，讀書是邦。同志羅宗信見餉，携東山之妓，開北海之樽，復初舉杯，謳者歌樂府《四塊玉》，至'彩扇歌，青樓飲'，宗信止其音而謂予曰：'彩字對青字，而歌青字爲晴。吾揣其音，此字合用平聲，必欲揚其音，而青字乃抑之，非也。'予因大笑，越其席，捋其須而言曰：'信哉，吉之多士！'語未訖，復初前驅紅袖而白同調歌，曰：'買笑金，纏頭錦，則是矣。'乃復嘆曰：'予作樂府三十年，未有如今日之遇，宗信知某曲之非，復初知某曲之是也。'遂捧巨觴於二公之前，口占《折桂詞》一闋，煩皓齒歌以送之，以報其能賞音也。"則德清之傾倒於瑣非復初者，至矣。

瑣非復初《中原音韵序》亦曰："余勣業相門，貂蟬滿座，列伶女之國色，歌名公之俊詞，備嘗見聞矣。如大德天壽賀詞《普天樂》云：音亮語熟，渾厚

128

宫樣，黄鐘大吕之音也，迹之江南，無一二焉。吾友挺齋周德清，以出類拔萃通濟之才，爲移宫換羽制作之具，所編《中原音韻》，並諸起例，能使四方出語不偏，作詞有法，皆發前人之所未發者。以余觀京師之目，聞雅樂之耳，而公議曰：德清之韻，不獨中原，乃天下之正音也；德清之詞，不惟江南，實當時之獨步也。"末署西域拙齋瑣非復初序。

觀此，則其一唱一和，互詡知音，相得極矣。瑣非復初號拙齋，德清號挺齋，以齋爲號，亦當時顧曲家風尚。"勛業相門"云云，瑣非復初蓋貴介公子，貴介公子與聲色狗馬之好易近，瑣非復初、貫雲石之所爲，蓋開納蘭性德諸人之先例者也。

西域貴介之擅名樂府，而在貫雲石之先者，有不忽木。不忽木作品，傳者特少，《太和正音譜》僅録其《鵲踏枝》散套，云：

臣則待醉江樓，卧山丘，一任教談笑虛名，小子封侯，臣向仕路上爲官倦守，枉沉埋了錦帶吴鈎。

《元詩選》癸之乙，僅録其《過贊皇五馬山泉》七絶一首，云：

相彼山泉源本清，太平君子濯塵纓。泠泠似與游人説，説盡今來往古情。

雖一爪一鱗，然流麗可喜。涵虛子《詞品》比之爲閑雲出岫，必有所見也。鍾嗣成《録鬼簿》以與貫雲石、薩都剌並稱，特許爲公卿居要路者所獨擅，而深致不滿於平民。其言曰："前輩已死名公，有樂府行於世者，不忽木平章、貫酸齋學士等三十一人。方今名公，薩天錫照磨等十人。右前輩公卿居要路者，皆高才重名，亦於樂府留心。蓋文章政事，一代典型，乃平日之所學，而歌曲詞章，由於和順積中，英華自然發外，自有樂章以來，得其名者止於此。蓋風流蘊藉，自天性中來，若夫村樸鄙陋，固不必論也。"鍾嗣成蓋以歌曲詞章之事出於天才，惟貴介爲易得名。而元時貴介，西域人特多，此西域人所以在元朝文學界中占有重要地位也。

永樂間，賈仲明撰《録鬼簿續編》，尚有西域曲家多人，曰蘭楚芳、沐仲易、虎伯恭及其弟伯儉、伯讓，西域人。丁野夫、賽景初，回回人。全子仁，名普庵撒里，委兀兒人。月景輝，金元素，名哈剌，及其子文石、武石，也里可温人。樂府皆有名。

卷五　美術篇

一　西域之中國書家

廉希貢等（二十五人）　嶔嶔　泰不華

貫雲石　　　　　　　余闕　盛熙明

贍思　　　　　　　賽景初（沐仲易、虎伯恭）

書法在中國爲藝術之一，以其爲象形文字，而又有篆、隸、楷、草各體之不同，數千年來，遂蔚爲藝術史上一大觀。然在拼音文字種族中，求能執筆爲中國書，已極不易得，況云工乎！故非浸潤於中國文字經若干時，實無由言中國書法也。元人主中國不及百年，色目人醉心華化，日與漢字相接觸，耳濡目染，以書名當世者大不乏人。欲考此種事實，比他篇爲易，以有元末人現成之《書史會要》，具載歷代書家，直至於元，略爲鈎稽，即可知西域人能書者有若干人，不勞遍覽群籍也。茲將《書史會要》中元時西域書家鈎稽如下，其有色目誤爲蒙古者並附正之。

　　"廉希貢，字薌林，畏吾人。官至昭文館大學士，善區榜大字。"

　　鮮于樞《困學齋雜錄》作于闐人。

　　"貫雲石，北庭人。官至翰林侍讀學士。豪爽有風概，富文學，工翰墨。其名章俊語，流於毫端者，怪怪奇奇，若不凝滯於物，即其書而知其胸中之所養矣。"

　　"余闕，武威人。登進士第，官至浙東肅政廉訪司副使。風采峭整，工篆隸，字體淳古。"

　　"盛熙明，其先曲鮮人，後居豫章。清修謹飭，篤學多材，工翰墨，能通六國書。至正甲申以所編《法書考》八卷進，上覽之徹卷，命藏禁中。"

　　"甘立，字允從，河西人。官至中書檢校。才具秀拔，亦善書札。"

　　"巎巎，號正齋、恕叟，康里人。官至翰林學士承旨。風流儒雅，博涉經史，刻意翰墨，正書師虞永興，行草師鍾太傅、王右軍。筆畫遒媚，轉折圓勁，名重一時。評者謂國朝以書名世者，自趙魏公後，便及公也。"

"回回，字子淵，巎巎弟。官至中書平章政事。正書宗顏魯公，甚得其體。"

回回係巎巎兄，回回生至元二十年，巎巎生元貞元年，此云弟者，誤也。

"阿尼哥，字西軒，蒙古人。官至大司徒，善大字。"

《元史·方技傳》作尼波羅國人。《新元史》誤作阿尼哥尼。

"泰不華，元名達溥化，御賜今名，號白野，蒙古人。狀元及第，官至浙東宣慰元帥。以清厲顯名，骨鯁不同於物。篆書師徐鉉、張有，稍變其法，自成一家。行筆亦圓熟，常以漢刻題額字法題今代碑額，極高古可尚，非他人所能及。正書宗歐陽率更，亦有體格。"

泰不華，伯牙吾氏，是色目，非蒙古，辨見《儒學篇》。元順帝後燕鐵木兒女欽察氏（《元史》一一四），據《燕鐵木兒傳》（《元史》一三八）稱女爲伯牙吾氏，是伯牙吾氏乃欽察也。曾廉《元書》卷八二直書曰泰不華欽察人。

"斡玉倫都，字克莊，西夏人。官至山南廉訪使。文章事業，敻出人表，書迹亦佳。"

"薩都剌，回紇人。官至淮西廉訪司經歷。有詩名，善楷書。"

"道童，字石巖，蒙古人。官至江西行省平章政事。姿儀雄偉，尤工大字，能作雙鈎書。"

《元史》一四四作高昌人。

"慶童，字正臣，康里人。官至中書右丞相。器量弘重，善大字。"

《元史》一四二字明德。

"沙剌班，字惟中，蒙古人。官至集賢大學士。善大字。"

《元史類編》三十六："沙剌班，字敬臣，號山齋，畏吾人。順帝時學士。能詩文，兼工大字。"疑即此人。

"達識帖木兒，字九成，康里人。官至江浙行省丞相。知讀書，能詩，大字學釋溥光，小字亦有骼力。"

"伯顏不花的斤，字蒼巖。高昌國王子，鮮于太常甥。官至江東廉訪副使。介立不群，草書似其舅氏。"

《元史》一九五《忠義傳》："字蒼崖，畏吾兒氏。"

"康里不花，字普修，也里可溫人。官至海北廉訪使。篤志墳籍，至於百氏數術，無不研覽。書宗二王。"

"榮僧，字子仁，回紇人。登進士第，官至江浙行樞密經歷。楷書師虞永興。"

"喜山，字近仁，畏吾人。官至集賢都事。工書。"

《佩文書畫譜》三十六引，誤作進仁。

"隱也那失理，字處元，畏吾人。楷書學虞永興。"

上二十人，見《書史會要》卷七。

"邊魯，字魯生，鄴下人。工古文奇字。"

據《西湖竹枝詞》，知為北庭人。

"馬九皋，以字行，回紇人。官至太平路總管。能篆書。弟九霄，亦能之。"

"哈喇，字元素，也里可温人。登進士第，官至中政院使。能文辭，書宗巙正齋。"

《錄鬼簿續編》作"金元素，康里氏，名哈剌。隨元駕北去，不知所終"。

"趙夫人鶯，字應善，雍古部氏。中書平章世延女，中書參政許有壬室。朗惠厚静，能琴書，善筆札。"

據陳旅撰墓志銘，字善應。

上五人，見《書史會要補遺》。

元代西域書家略備於是。觀其次第，大約不依時代，隨手記錄，如余闕在巙巙之前是也。西域人書名，巙巙最盛，《元史》一四三本傳稱巙巙書"得晉人筆意，單牘片紙人争寶之，不翅金玉"。《式古堂書考》二十載張燦《趙巙二公翰墨歌》，有云：

元朝翰墨誰擅場，北巙南趙高頡頏，二公才名蓋當世，片楮傳播如珪璋。子山學士位館閣，天水王孫登玉堂，官居位望正相似，後先雙璧聯輝光。

北巙南趙係當時通稱，然巙書實不如趙，其有此

稱譽者，半因位望甚高，半因係出西域，希有可貴
也。巉巉墨迹及碑刻傳世者，亦遠不如趙之眾。《式
古堂書考》十七著錄者，有：

十二月十二日帖

臨懷素自叙卷

書梓人傳卷

《三希堂石渠寶笈》二十三册有：

漁父辭

顏魯公書論

皆有聲於時者也。然其碑刻之見於《寰宇訪碑錄》十
二者，有：

贈禮部尚書晁公神道碑（無年月）　　山東鄆城

大都城隍廟碑（至順二年）　　　　　直隸大興

敕修曲阜宣聖廟碑並碑陰題名（至　　山東曲阜
　元五年十一月）

贈江南行省參知政事張思忠碑（至　　河南鞏縣
　元六年九月）

與王由義書（至正元年）　　　　　　陝西朝邑

王氏世德碑（至正元年）　　　　　　陝西朝邑

集慶路卞將軍新廟記（至正五年十　江蘇江寧
　一月）

少林寺達摩大師碑（至正七年）　　河南登封

王節婦碑陰清風篇（無年月）　　　浙江山陰

共九種。其見於吳式芬《攗古錄》十九者，有：

寧國路總管府推官楊載墓志（泰定　江蘇吳縣
　三年）

飛騎尉楊君世慶碑（元統三年三　河南澠池
　月）

中順大夫竹温臺碑（至元元年）　　烏蘭城（城
　　　　　　　　　　　　　　　　　　原作坡）

中順大夫達魯花赤□公碑（至元四　烏丹城
　年五月）

佛慧圓明正覺普度禪師斷崖義公塔　浙江□□
　銘篆額（至元六年三月）

慕容氏先塋碑篆額（至元六年五　山東城武
　月）

共六種。倘全拓而影印傳之，亦一美舉也。

巙巙，康里部人，康里爲术赤所封地，在鹹海北岸，今爲南俄羅斯地。時人嘗仰慕俄國文學，豈知此間六百年前，乃有多數邃於華學之人耶！

然須知巙巙等之得名，用力至深，用功至勤，非浪得時名者比。《山居新話》《輟耕録》十五均載有巙巙與客問答一則，云："江浙平章子山公，書法妙一時，自松雪翁之後便及之。嘗問客：有人一日能寫幾字？客曰：聞趙學士言，一日可寫萬字。公曰：余一日寫三萬字，未嘗以力倦而輟筆。"其精力如此，實爲可驚，不知今日青年聞之作何感想也。

泰不華，伯牙吾氏。伯牙吾一作白野，故泰不華恒自署白野泰不華，人亦稱爲白野尚書。蘇天爵《滋溪文集》三十有《題泰不華自書所作詩後》云："白野尚書，向居會稽，登東山，泛曲水，日與高人羽客游。間遇佳紙妙墨，輒書所作歌詩以自適，清標雅韵，蔚有晉唐風度。予猶及見尚書先考郡侯，敦龐質實，宛如古人，而於華言尚未深曉。今有子如此，信乎國家文治之盛，而貢舉得賢之效，益可征焉。"讀天爵此文，可證元時西域人同化之速。始予研究此事，以爲西域人同化中國，必其人入居中國已一二世，或百數十年。今觀天爵所言，則泰不華之父尚純然一西域人，華言尚未深曉，而其子乃能邃於華學若此，可見文化之感人，其效比武力爲大。天爵歸功於貢舉，特皮毛之論耳。巎巎、貫雲石何嘗出於貢舉也。惟泰不華遺迹之傳於今者，比巎巎更少。近年海上有珂羅版印《元八家法書》，中有泰不華行書《贈堅上人重往江西謁虞閣老》七言律一首，爲《元詩選・顧北集》所未載。詩云：

昔年曾到楚江干，探得驪珠振錫還，憶著匡廬成獨往，眼中秦望共誰攀。聲華牢落金閨彥，煙雨凄迷玉笥山，絕代佳人憐庾信，早年詞賦動天顏。

風華掩映，可稱美絕，不知何人所藏。《寰宇訪碑録》十二有泰不華所書碑四通：

一、重修南鎮廟記，八分書（至正　　　浙江山陰四年四月）

二、重建鳳山上乘寺記（至正七年　　　浙江上虞八月）

三、 祈澤治平寺佛殿碑（至正九年　　江蘇上元
四月）

四、 即王節婦碑，篆書，其碑陰巉巉　　浙江山陰
書也。

泰不華並通小學，善篆隸，溫潤遒勁，嘗重類
《風古編》十卷，《元史》一四三本傳稱其"考正訛
字，於經史多有據"。《御選元詩》五六載郊韶贈泰不
華詩，有句云"古篆久知通史籀，新詩端擬過黃初"，
其才華之美可想。泰不華篆額見於《攈古錄》卷十九
及二十者有：

覺苑寺興造記（至正三年三月）　　　浙江蕭山

重建儒學記（至正五年七月）　　　　浙江會稽

重建旌忠廟記（至正七年）　　　　　浙江會稽

重修鄞縣學記（至正九年九月）　　　浙江鄞縣

重修後土廟記（至正十一年七月）　　陝西渭南

重修後土祠記（至正十四年）　　　　　拓本

貫雲石亦工書，陳基《夷白齋外集》卷下跋其書
《歸去來辭》云："酸齋公如冥鴻逸驥，不受矰繳羈
靮，而其蟬蛻穢濁，逍遙放浪，而與造物者游，近世

蓋未有能及之者。其自謂平日不寫古今人詩，而獨慕陶靖節之爲人，書其《歸去來辭》。觀者殆不可以尋常筆墨蹊徑求之也。"

余闕篆亦有名，宋濂《芝園續集》卷六《題余闕篆書後》云："右四大篆，幽國忠宣公余闕爲浦陽戴君叔能書。至正九年，公持使者節來鎭浙部，濂偕叔能往見，公獎勵甚至，且各書齋扁爲贈。公文與詩，皆超逸絕倫，書亦清勁，與人相類。其忠義之氣，可以懼亂賊、清惡厲，雖所書不工，猶當傳之萬世，況能臻其妙者乎！此紙所在，定有神物呵護，不可徒以翰墨視之。"《佩文書畫譜》三八引《紫桃軒又綴》云（崇禎本《又綴》無此語）："余忠宣小字似不經意，而豐處有褚遂良，潦倒處有楊景度、林藻，豈漫不留意於墨池者所能符合邪！"書以人重，美者固美，即不甚美者，即將以景仰之意而美化之矣。

西域人中有著書專論書法者，龜玆盛熙明也。熙明以能書辟奎章閣書史。著《法書考》八卷進呈，清《四庫》著錄，《棟亭十二種》刻之，卷首有虞集、歐陽玄、揭傒斯三序。揭序稱"盛氏之先，曲鮮人，今家豫章"。《書史會要》之説即本於此。《道園學古録》卷三有《題東平王與盛熙明手卷》詩，作"曲先盛熙明"，《元史類編》三六誤曲鮮爲鮮卑。歐陽序謂"熙明爲龜兹人。刻意攻書，而能研究宗原，作爲是書。運筆之妙，評書之精，非老於斫輪者，疇克如是"云云。夫以西域人而工中國之書，已屬難能，況又以其研究所及，著爲成書，以詔當世，豈非空前盛業乎！朱彝尊《曝書亭集》卷四十三有是書跋，稱"其文約，其旨該，不意九州之外，乃有此人"云。熙明並學佛能詩，著《補陀洛迦山考》，見《道光普陀山志》十五，《元詩選》癸之壬，録其《游補陀洛迦山》七言律一首。龜兹本佛國，其學佛固不奇也。

元時西域人能書，而《書史會要》不載者，有贍思。張相文先生曾示我《哈珊神道碑》，請爲之跋，蓋贍思所撰並八分書也。體勢波磔，用力極深，而竟無書名，其書名爲文名所掩也。

《録鬼簿續編》稱："賽景初，天性聰明，幼從巙文忠公學書法，極爲工妙，文忠屢嘉之。"又："沐仲易，西域人。故元西監生。工於詩，尤精書法。"

又："虎伯恭，西域人。詩學韋、柳，字法獻、羲"。皆《書史會要》所未載者。

二　西域之中國畫家

邊魯　　　高克恭　　　伯顏不花

丁野夫　　薩都剌

中國畫有中國畫特色。以元版圖之大，即有西域畫家挾羅馬、波斯、土耳其之畫法，以顯於中國，如清之郎世寧、艾啓蒙者，亦並不奇；然此之所謂畫家，乃中國畫法，非西域畫法，故不曰西域畫家，而曰西域之中國畫家也。考元代畫家，亦有極現成之書，即元夏文彥之《圖繪寶鑒》，其叙述歷代畫家，直至元季，與陶宗儀《書史會要》相同。今特鈎稽其卷五中西域人善中國畫者，以張吾西域人華化之説。

"邊魯，字至愚，號魯生。善畫墨戲花鳥。"

"高克恭，字彥敬，號房山。其先西域人，後居燕京。官至刑部尚書。善山水，始師二米，後學董源、李成，墨竹學黃華，大有思致。怪石噴浪，灘頭水口，烘瑣潑染，作者鮮及。"

"伯顏不花，高昌世子，鮮于伯幾甥，號蒼巖。官至江東廉訪副使。工畫龍。"

"丁野夫，回紇人。畫山水人物，學馬遠、夏圭，筆法頗類。"

邊魯，北庭人。據《西湖竹枝集》，魯善古樂府詩，尤工畫花竹，權貴人不能以勢約之，《書史會要》並稱其工書也。

元時畫家有大名，能與趙孟頫抗行者，惟高克恭。克恭兼有詩名，《元文類》選西域人詩五家，馬祖常外，選高克恭詩比三家特多。《輟耕錄》二六《詩畫題三絕》一條云："高文簡公一日與客游西湖，見素屏潔雅，乘興畫奇石古木，數日後文敏公爲補叢竹，虞文靖公題詩其上，有'國朝名筆誰第一，尚書醉後妙無敵（《元詩選‧房山集》小傳誤稱爲趙孟頫詩）。趙公自是真天人，獨與尚書情最親'等句，此圖遂成三絕。"以高配趙，正與書家之以巎巎配趙相同。元朝書畫，推趙獨步，然與趙頡頏者，書畫皆西域人，亦足見元西域人天資學力，不讓漢人也。董其昌對於以高配趙之説，初頗懷疑，後乃折服，試觀《畫旨》所述，前後持論不同。

《畫旨》云：“元季四大家，以黄公望爲冠，而王蒙、倪瓚、吳仲圭與之對壘。此數公評畫，必以高彦敬配趙文敏，恐非耦也。”而其後又云：“高彦敬尚書，載吾松《上海志》。元末避兵，子孫世居海上。余曾祖母，尚書之雲孫女也，余好爲山水小景，似亦有因。勝國名手，以趙吳興爲神品，而雲林以鷗波、房山所稱許者，或有異同，此由未見房山真迹耳。余得《大桃村圖》，乃高尚書真迹，煙云淡蕩，格韵俱超，果非子久、山樵所能夢見也。”又云：“趙集賢畫爲元人冠冕，獨推重高彦敬，如後生事名家，而倪迁題黄子久畫云，雖不能夢見房山，特有筆意，則高尚書之品，幾與吳興埒矣。”

初則曰“高與趙恐非耦”，再則曰“未見房山真迹耳”，三則曰“高之品幾與吳興埒矣”，終更推爲“古今一人”，曰：“詩至少陵，書至魯公，畫至二米，古今之變，天下之能事畢矣。獨高彦敬兼有衆長，出新意於法度之中，寄妙理於豪放之外，所謂游刃餘地，運斤成風，古今一人而已。”今將高克恭畫之見於元人題詠者，略舉其目如下：

桑落洲望廬山圖　　雲林煙嶂圖　　越山圖

山村圖　　　　　　夜山圖　　　　秋山暮靄圖

墨竹圖　　　　　　青山白雲圖　　滄洲石林圖

仿老米雲山圖　　　煙嶺雲林圖　　山村隱居圖

秋山過雨圖　　　　春雲曉靄圖　　墨竹坡石圖

雲山雙鶴圖　　　　越山春曉圖

　　其尤習見者，爲《夜山圖》及《秋山暮靄圖》二
幀，當時有名詩人，題詠殆遍。盲詩人侯克中亦有二
絕句，《夜山圖》云：“幽人清夜思高閑，誤落龍眠筆
研間。萬仞峰巒千里月，廣寒宮里看三山。”《越山春
曉圖》云：“滿目煙嵐滿意春，江山如畫畫如真。巖巖
萬壑千峰秀，可惜中間無一人。”見侯克中所著《艮
齋詩集》卷十，所謂無目者且知其姣也。今故宫博物
院所藏高克恭畫，爲吾所見者，尚十餘軸，雖真僞一
時莫辨，然已震而驚之矣。鄧文原《巴西集》卷下有
《尚書高公行狀》，述克恭生平行誼至詳，稱其“畫墨
竹妙處不減文湖州，畫山水初學米氏父子，後乃用李
成、董源、巨然法，造詣精絕。公卒後，購公遺墨

者，一紙率百千緡”。其爲時見重如此。其畫純中國法，且爲米氏父子以來之變法，與帶有匠氣之界畫，迥然不同。其爲詩亦不尚鈎棘，自得天趣，柳貫《待制集》十八《題姚子敬書高彥敬絶句詩後》有云：“高公畫入能品，故其詩神超韵勝，如王摩詰在輞川莊，李伯時泊皖口舟中，思與境會，脱口成章，自有一種奇秀之氣。”胡應麟《詩藪外編》六云：“宋以前詩文書畫，人各自名，即有兼長，不過一二。勝國則文士鮮不能詩，詩流靡不工書，且時旁及繪事，亦前代所無也。”高克恭即詩畫兼長之一人。

　　然克恭究爲西域何許人，亟欲研究之，惜書闕有間矣。據鄧文原《高公行狀》，已言“譜牒散佚，莫迹其所始”，然尚知其祖名樂道，父名亨，字嘉甫。觀其命名，知其受華化已深。又言“嘉甫力學，不事權貴，朝夕講肆，遂得大究於《易》《詩》《書》《春秋》及關、洛諸先生緒言”，則儼然儒者也。“克恭早習父訓，於經籍奧義，靡不口誦心研，務極源委”，則亦純然儒者也。然克恭之婿爲烏伯都剌，烏伯都剌者何人？泰定帝時中書平章政事，文宗朝所目爲奸臣者也，此元朝家事，吾人今日正不必爲左右祖。惟《元史》不爲烏伯都剌立傳，烏伯都剌事迹僅散見於本紀及宰相表中。烏伯都剌爲回回人，其父益福的哈魯丁，有大勛勞於回回文字，此研究元朝文化史者不可不注意之事也。《元史·釋老傳》：世祖至元六年以前，施用文字悉用漢楷及畏吾兒字。六年頒行蒙古新字，凡璽書頒降，並用新字，仍各以其國字副之。《選舉志》言至元二十六年，尚書省言亦思替非文字，宜施於用。今翰林院益福的哈魯丁能通其字學，乞授以學士之職，凡公卿大夫與夫富民之子，皆依漢人入學之制，日肄習之。帝可其奏。是歲八月，始置回回國子學，至仁宗延祐元年四月，復置回回國子監（參《百官志》）。黄溍《金華文集》卷八《翰林國史院題名記》云："先是蒙古新字及亦思替非，並教習於本院，今回回學士亦省，而亦思替非以待制兼掌之。"試綜合此種種史料，則知元初只用畏吾兒字及漢字，至元六年始頒行蒙古新字，至元二十六年又以與西域諸國交通頻繁，始置回回國子學，教習亦思替非文字。文宗以後，中央勢力大衰，西北三藩漸失其統馭能力，交通幾乎斷絕，而亦思替非之用亦稀，故以待制兼掌之，而回回學士亦省也。蓋元制文字用途之區別，雖以蒙古新字爲主，而不甚通行，有所頒布，須各以其國字爲副。大抵漢字用於中國本部，畏吾兒字用於蔥嶺以東，亦思替非文字用於蔥嶺以西諸國也。亦思替非簡稱亦思替。《元典章》吏部一，正七品官有教習亦思替文字博士，吾始疑亦思替爲粟特之異譯。粟特國見《魏書·西域傳》，粟特語唐以前盛行於中亞細亞，回教興後，波斯語漸代之。亦思替非又爲波斯古代都城之名，未知所謂回回國子學者，是否與波斯文字有關。益福的哈魯丁既能通其字學，爲回回國子學開始教授之一人，則必大有勛勞於元時回回文字者也。

益福的哈魯丁《元史》亦無傳，何以知爲烏伯都剌之父？則據程鉅夫《雪樓集》卷二有烏伯都剌三代封制，烏伯都剌祖爲札剌魯丁，曾祖爲木沙剌福丁，皆回回人名。《四庫》本改烏伯都剌爲額卜德　勒，改益福的哈魯丁爲伊卜德噶羅丹，不知作何語矣。烏伯都剌爲高克恭之婿，益福的哈魯丁爲高克恭之親家，以此斷高克恭爲回回人，即後有發見，亦可信其無誤。倪瓚《清閟閣集》卷九云："高房山清節雅尚。有馬先生，亦其國人，遂號彦敬，蓋司馬慕藺之意。"所謂馬先生者，疑亦回回國人。《清河書畫舫》"綠"字號曰"高士安，字彦敬，回鶻人"，未知何據。《内閣書目》三謂"高文簡公名亨"，亦誤，應作父名亨。《四庫總目》以高克恭爲金人，反譏《元藝圃集》載入元詩爲失斷限，尤荒謬。今所欲知者，爲高克恭本身是否仍守回回教是也。據鄧文原《高公行狀》"克恭卒之日，命喪葬用朱文公法，此心不以生死亂，衆謂講學之驗"云。則克恭已棄回從儒者也。然吾細察鄧文原所著行狀，有爲克恭隱飾意，應用"回回"處，輒易以"西域"，此元代文人習慣，其實係出回回，有何可諱。釋大欣《題高彦敬墨竹》云"西域高侯自愛山，此君冰雪故相看"（《蒲室集》），柯九思《題秋山暮靄圖》云"三代以來推盛世，九州之外有斯人"（《丹丘生稿》），周伯琦《題青山白云圖》云"西域才人畫似詩，雲山高下墨淋漓"（《式古堂畫考》十七），危素《題高房山畫》云"房山居士高使君，係出西域才超群"(《鐵網珊瑚》卷三),凡此皆不能忘其為西域人,而未聞有以"回回"二字入詩者。西域之名,出於漢以前,回回之名,起於晚近,貴遠賤近,人情然也。

謂丁野夫爲回紇人,亦此意。元人公牘文字多從俗用回回,至於士夫執筆爲文,則輒易回回爲回紇,以回紇之名較古雅也。朱德潤《題高彥敬房山圖》云"高侯回紇長髯客,唾灑冰紈作秋色"(《存復齋集》卷十),其例也。迺賢合魯人,而必稱之爲葛邏禄者,亦用唐以前名也。今吾人目中又與元人異,回回係指伊斯蘭教徒,回紇則北方一種族,曾有功於唐,改名爲回鶻,高昌、北庭其餘裔也,元人謂之畏吾兒,邊魯、伯顏不花其人也。據《繪事備考》,邊魯作品有《群鴉話寒圖》《蘆汀宿雁圖》《水墨牡丹圖》等,皆中國畫,非西域畫。伯顏不花以龍名,《繪事備考》載有《袞霧戲波龍圖》《坐龍圖》《出山子母龍圖》《戲龍圖》等,亦中國畫所特有也。

元西域人無畫名而有畫傳於世者,故宮博物院有薩都剌《嚴陵釣臺圖》一軸,又有《梅雀》一軸,爲延祐二年春寫，並題句云"香滿疏簾月滿庭，風檐鳴鐵研池冰。夜寒人靜皋禽語，却憶羅浮雪外登"，頗有高致。

三　西域人之中國建築

也黑迭兒燕京宮闕

凡考一代之美術，必兼考其建築遺物，顧吾國言建築者向無專書，而元西域人建築之存於今者尤罕。廣州之懷聖寺塔，修於至正十年，有郭嘉爲之記，見《道光南海志》廿九；泉州之清净寺塔，修於至正九年，有吳鑒爲之記，見《閩書》七；杭州有真教寺，延祐間建，見《西湖游覽志》十八；四明有禮拜寺二，延祐以後建，見《至正四明續志》十，略可代表元時回回教建築。鎮江有也里可温寺八，杭州有也里可温寺一，至元十八年以後建，見《至順鎮江志》九及《西湖游覽志》十六；甘州有十字寺，見《元史》三十八；揚州有十字寺，見《元典章》三十六，略可代表元時基督教建築。泉州華表山有摩尼教草庵，見《閩書》七，略可代表元時摩尼教建築。然此諸建築，今多不存，即存，亦只可謂爲西域人建築，不可謂爲西域人之中國建築。

元時西域人中國建築，有極偉大而爲吾人所未經注意者，無過於今北京之宮殿及都城，雖以朱彝尊之該博，而《日下舊聞》略之；雖以孫承澤之熟諳掌故，而《春明夢餘録》亦略之，非有所諱言，即從來輕視工程學者之故也。予近從歐陽玄《圭齋集》卷九《馬合馬沙碑》發見元時燕京都城及宮殿，爲大食國人也黑迭兒所建。也黑迭兒爲馬合馬沙之父，父子世縚元工部事，以大食國人而爲中國如許工程，實可驚也。碑云：

也黑迭兒係出西域，唐爲大食國人。世祖即祚，命董茶迭兒局，茶迭兒云者，國言盧帳之名也。至元三年，定都於燕，八月，領茶迭兒局諸色人匠總管府達魯花赤，兼領監宮殿。屬以大業甫定，國勢方張，宮室城邑，非巨麗宏深無以雄視八表。也黑迭兒受任勞勩，夙夜不遑，心講目算，指授肱庹，咸有成畫。太史練日，冬卿掄材。魏闕端

155

門，正朝路寢，便殿披庭，承明之署，受釐之祠，宿衛之舍，衣食器御，百執事臣之居，以及池塘、苑囿、游觀之所，崇樓阿閣，縵廡飛檐，具以法。歲十二月，有旨命光祿大夫安肅張公柔、工部尚書段天祐，暨也黑迭兒同行工部，修築宮城。乃具畚鍤，乃樹楨干，伐石運甓，縮版覆簣，兆人子來，厥基阜崇，厥址矩方，其直引繩，其堅凝金，又大稱旨。自是寵遇日隆，而筋力老矣。

也黑迭兒《元史》無傳，《世祖紀》記修築宮城事，只稱"至元三年十二月丁亥，詔安肅公張柔行工部尚書、段天祐等同行工部事，修築宮城"，而不及也黑迭兒。故自昔無人知有也黑迭兒也。遼、金故城，在今城西南，至元遷拓東北，分十一門，東西南三面皆三門，北二門。至明乃大殺其北面，而稍拓其南面，東西各留二門，故至今九門，其面積已不若元時之大矣。然今人游北京者，見城郭宮闕之美，猶輒驚其巨麗，而孰知篳路藍縷以啓之者，乃出於大食國人也。也黑迭兒雖大食國人，其建築實漢法。《元史》

156

一二五《高智耀傳》言："西北藩王遣使入朝，謂本朝舊俗與漢法異，今留漢地，建都邑城郭、儀文制度，遵用漢法，其故何如？"此即建築燕京時，西北藩王所來之質問也。然何以當時宮闕必用漢人制度，則以元起朔漠，所居者特廬帳耳。也黑迭兒所典之茶迭兒局，即掌廬帳者。使以當王爲貴，則廬帳實貴於宮闕，而元人自知廬帳之陋，不如漢家宮闕之美，故雖以武力征服其人，而既入主中原，則不能不改從中原制度，所謂馬上得之，不能以馬上治之也。此亦元人自審除武力外，文明程度不及漢人，故不惜舍廬帳而用宮闕。也黑迭兒深知其意，故采中國制度，而行以威加海內之規模，夫如是庶可懾服中國人，而不虞其竊笑矣。《輟耕錄》二一有《宮闕制度》一篇，垂四千五百言，《知不足齋叢書》有《故宮遺錄》一篇，垂二千六百餘言，述元時宮闕規模，宏偉極矣。吾人讀歐陽玄文，既知爲也黑迭兒所爲，今日不能不以此光榮還諸勞力勞心之原主。雖當時行工部尚書者不止一人，元制，工部尚書三員，正三品，掌天下營造百工之政令。然張柔爲張弘範父，《元史》一四七有傳，武夫不諳工事，且翌年即卒，未睹其成，可無論矣。段天祐《元史》亦無傳，僅一七七《吳元珪傳》有云："至元二十六年，繕修宮城，尚書省奏役軍士萬人，留守司主之，元珪亟陳其不便。乃立武衛，繕理宮城，以留守段天祐兼都指揮使。"知段天祐亦武人，至元三年與也黑迭兒修築宮城後，二十六年復修宮城，曾任大都留守司兼武衛親軍都指揮使。《元史》卷九十《百官志》："大都留守司，秩正二品，掌守衛宮闕都城，調度本路供億諸務。"卷八六："武衛親軍都指揮使司，秩正三品，掌修治城隍及京師內外工役之事。"（參《兵志》）此段天祐之職掌也。而也黑迭兒則領茶迭兒局諸色人匠總管府，《元史》卷八五《百官志》："茶迭兒局總管府，秩正三品，管領諸色人匠造作等事。""諸色人匠總管府，秩正三品，掌百工之技藝。"試以二人職掌相比勘，則段天祐猶今步軍統領，而也黑迭兒則土木工程局長也。且也黑迭兒四世領茶迭兒局，授工部尚書，倘非工程世家，曷克有此。歐陽玄碑中所論，亦專以考工爲言，而深贊其建邦之能，世官之美。試登景山一望，當時之泱泱風度，恍惚猶在目前，而《元史》遺之，至創造主名，竟歸湮没，不有此墓前片石，則也黑迭兒之心血，不與草木同腐者幾希。即云諛墓之文，恐有溢美，然世領工部，何能捏造。《新元史》一三一爲之補傳宜矣，惟尚嫌未能發揮也黑迭兒建築之精神，竊以爲應置諸《方技傳》之首也。且《氏族表》作也黑，傳與目作也里，亦應改正。

舊史《世祖紀》："中統四年三月，亦黑迭兒丁請修瓊花島，不從。至元元年二月，修瓊花島。"亦黑迭兒丁即也黑迭兒，丁爲回回人名常用之尾音。瓊花島即今北海。當未修築宮城之先，也黑迭兒曾請修北海，此又《圭齋集》所未言，而足證其爲工程學者也。

《元典章》刑部三《闌入禁苑》條，有監修官也黑迷兒丁呈，捉獲跳過太液池圍子禁墙人楚添兒一事，狀招於六月二十四日帶酒，見倒訖土墻，望潭內有船采打蓮蓬，跳過墻去，被捉到官云云。此事有月無年，當係至元間修瓊花島時事。惟"迭兒"作"迷兒"，想是誤字也。

《四庫總目·政書類》存目考工之屬，有《永樂大典》本《元內府宮殿制作》一卷，不著撰人名氏。《提要》稱其記元代門廊宮殿制作甚詳，而譏其詞“鄙俚冗贅，不類文士所爲，疑當時營繕曹司私相傳授之本”。惜其書不傳，或即也黑迭兒之徒所撰未定，固不能以文士之文繩工程學者也。

卷六 禮俗篇

一 西域人名氏效華俗

魯古訥丁	沙的行之	木撒飛
玉元鼎	合剌思	米少尹
咬思永	札馬魯丁	怯里木丁

拜住（劉君定、李公敏、趙榮）

劉因反對種人效漢姓

吳海反對漢人冒國姓　　　　　里氏慶源圖

浦氏定姓碑文

趙翼《廿二史劄記》三十有《元漢人多作蒙古名》一條，以爲"自有賜名之例，漢人皆以蒙古名爲榮，故雖非賜名，亦多仿之。且元制本聽漢人學習蒙古語，惟其通習，故漢人多以蒙古語爲名，一時風會使然也"。然以余所考，則與此所論適得其反。試一檢元人文集，種人之請字請名者觸目皆是，其人皆慕效華風，出於自願，並非有政府之獎勵及強迫，而皆以漢名爲榮。且元制不禁種人學習漢文，故種人多以漢語爲名，亦一時風會。廉希憲、郝天挺、高克恭、趙世延、馬祖常、顏師聖、丁鶴年等無論矣。安熙《默庵文集》卷四有《御史和利公名字序》一篇，云："近世種人居中國者，類以華言譯其舊名，且或因名而命字焉，是雖非人道所當先，而亦古人遺意也。監察御史魯古訥丁，係出奈蠻和利氏，歷監浚、邳兩州（《畿輔叢書》本作"西州"），惻怛愛民，興學禮士。既終，家居待次，益自力問學，以求其所未至。間從予游，刻意清苦，吾黨之士，鮮能及之。於其請字也，爲取《崧高》之詩，所謂'戎有良翰，文武是憲'者，以良翰易其名，且以《周書》'亂爲四輔'之語，合而字之曰憲輔。"蓋亦因其舊名，而又因名以制字也。末署大德甲辰著。是大德八年以前，西域人已多有華名者，故篇首云云也。

吳澄《文正集》字說更多，凡八十餘篇，其中西域人請字者（卷五），有《沙的行之字說》，云："上古有名而無字，質也；中古有名而有字，文也。九州之内尚文，則如中古之後；九州之外尚質，則如上古之時，其俗之不同也舊矣。皇朝區宇之廣，鴻濛以來所未有，九州內外，靡不臣屬，合諸國諸郡而爲一家，蓋各從其俗，而莫之或同者也。建康貳侯沙的公，西北貴族，其治所至有聲，同列嘉之，字之曰行之，以從中夏之俗。夫所貴乎中夏之俗者，以周公、孔子之禮法可慕也，所慕乎周公、孔子之禮法者，以行之爲貴也，慕之切而行不繼，則虛文耳，尚文而虛，不若尚質之實也。行之之行，既取信於同列，行之之字，非直倅其名而已，抑亦表其實云。爲之書者吳興趙子昂，爲之説者臨川吳澄也。"此則以漢名爲榮，既請名人爲之説，復請名人爲之書，雖非出於君主之賜，而出於同人之賜，其獎勵蓋在社會不在政府。故一方政府以蒙古名賜漢人，而熱中利禄者趨之；一方社會以漢名贈色目人，而醉心文化者亦赴之也。

《吳文正集》卷六又有《崇仁縣元侯木撒飛仁甫字説》，於此義尤顯，幾有"一字之褒，榮於華衮"之意。曰："崇仁夙稱壯邑，生齒之繁，習俗之美，他縣莫及。木撒飛承務郎自州倅升縣長，前時足迹不到江南，而涖政以來，凡所施設，無一不使民悦服，咸曰仁哉元侯，二三十年所未有也。侯慕效華風，欲立字以副其名，夫字者匪但副其名而已，蓋將表其德也，於是表其可表之德，而字之曰仁甫，喜崇仁縣之得此仁侯也。”木撒飛純然爲一回教人名，因其治化之美，而以中國之唯一美詞字之，褒之也。

同集同卷，又有《玉元鼎字說》，元鼎一學者，蓋先有漢名，而欲就其名以取得訓誨之義，亦近取諸身之法也。澄之言曰：“學者阿魯丁，以玉氏，以元鼎字，其先西域人也。始祖玉速阿剌，從太祖皇帝出征，爲勛舊世臣，名載國史，今其苗裔，乃能學於中夏，慕周公、孔子之道，可謂有光其先者矣。以其字而請教訓之辭，予語之曰：鼎者重大之器，其在於《易》，巽下離上之卦爲鼎，蓋取卑遜於內，文明於外之義。卑遜者進德之基，文明者進學之驗，進德在於克己，進學在於窮理。元鼎讀《大學》《論語》，其習所謂窮理克己，實用其力而已。

筆之爲《元鼎字説》以贈。"此則望文生義，而致勸勉之詞者也。

王惲《秋澗集》四六亦有西域人字説，而皆以"英甫"字之。其一爲《忽治中名字説》，曰："予官御史時，聞今治中别乘合剌思，喜功名，樂善言，而與士君子游。至元壬申秋，得同僚平陽，相接如平生歡。一日請名於予，君姓忽氏，蓋父字也，世爲唐瀚海軍都護府人，其國郊於乾兑之間，其人多沈潛剛克，内明而外毅。吾子秉彝奇特，表著於一時，故以德輝名君，而英甫字之。蓋英者德之光發見於外者，甫者男子之美稱也。"

其二爲《米少尹名字説》，曰："劍倅米君，世爲西域人。性開敏，樂於爲善。予過劍浦，米來求名，因訓之曰闓。闓者生其善心，顯其可踐迹也，内不先開，英何爲而發，故字曰英甫。"末署庚寅九月十二日。至元庚寅上距至元壬申凡十八年，而兩西域人先後求名，皆以英甫字之，未知其偶合耶？抑以爲同是西域人，特取前時所以字西域人者字之耶？

許有壬《至正集》六五亦有西域人字説，其一爲《咬思永字説》，曰："西域生咬，大父嘗持憲數道，世賞在咬，自以年未及，學未充也，日種學績文，非儒生不交，紈綺氣習，濯刮殆盡。予與其外舅和叔監郡游，時從過予，俾賦詩，每俄頃成，且清麗不苟。暇日請曰：'咬幸承下風，昆季爲華學，率以思冠其字，先生幸字之。'予觀世之人，習於近而不究其遠，狃於短而不求其長，天下之通患也。若世家子，則此疾尤痼，蓋不知思永之過也。《書》不云乎，'慎厥身修思永'，故從其昆季之以思爲字也，而以思永字之。"凡元人所謂紈綺氣習者，大抵指武功起家之色目人而言，未有指以詩書致卿相之漢人也。故其人多不學，而咬則盡反其故習，非儒生不交，可謂有華學之癖者矣。

其二爲《丁慎之字説》。丁慎之者，中書省玉典赤，玉典赤者，服役人也。非勳閥而執賤役，無所謂紈綺氣習矣，而習聞諸先生緒論，亦愛慕華風。許有壬曰："中書玉典赤從予最久者，西域札馬魯丁，慎而寡言，若詩書漸習之有素者。再拜請曰：'細人世西域而生中國，又得親公之教，幸閔而訓之字，得服以自勵。'予素愛其人，且服役幾年，所直幾官，而獨有見於吾輩，其可進也。於是即其人之長，字之曰慎之，且語之曰：'若知慎之爲義乎？慎於言而言無過，慎於行而行無失，無所往而不慎，則將進乎善而爲成德之君子矣。'慎之其益慎之哉！"

王沂《伊濱集》十七亦有《西域人怯里木丁字說》。以玉爲西方之物，遂取以名其人，不知古所謂出玉之國，實指于闐，于闐在葱嶺以東，其去波斯、大食，尚較去中原爲遠也。曰："監深州郡怯里木丁，西域人，世居什納什勒國。唐初西域主阿喇愈氏，始用其國言撰字修書，以教其人。怯里木丁之先，有能通其書與字者，故因其地而賜姓什納什勒。國初天戈西指，其四世祖某，以技藝故得徙中原，占籍趙之中山。監郡君與其弟舍克布問名與字於余。史稱漢使通西域，采玉石以歸，然則玉故西方之物也。什納什勒氏爲西域之鉅族，必知玉之所以爲貴，故余名監郡君曰瓚，字之曰清之，名舍克布曰璋，字之曰敬之。夫思其名之貴，則知其所以自貴，思其字之美，則知所以全其美矣。"

凡此皆西域人之喜有漢名者也。喜有漢名之不已，又從而爲之説，一人爲之説之不已，更有以其名字爲題，遍征當世士大夫詩文以爲樂者，此真西域人愛慕華風之甚者也。

陳基《夷白齋稿外集》卷下有《書太古字説後》一篇，云："河東運使高昌拜住公，字太古。中朝諸名公爲文爲詩，以發明其義，無餘蘊矣，船俾某一言，以申其説。"則《太古字説》當不止一篇矣，吾所見者有宋褧《燕石集》卷十三一篇，曰："監察御史高昌拜住，字太古。謐予曰：朋友命以字，舊矣，君文人，幸衍其義教我。予辭曰：予不韵不文，且有疑焉。太古當泰定初，丞秘書監，予嘗備員典校，時相先後，未始識其人，然聞公卿大夫士交口薦譽者十有五年矣。其言曰：太古不崖岸，不畦畛，不陷阱機巧，真淳樸茂，洞達樂易。今乃識某人，服用冠佩，車馬屋室，殊非洪荒之世，大庭赫胥之民，無標枝野鹿之態。或者哂曰：子論人以心乎？顧以迹乎？不崖岸，不畦畛，不陷阱機巧，真淳樸茂，洞達樂易者，爲今人乎？爲古人乎？予斂衽嘆服其言之能釋予疑，遂志之爲《太古字說》。"觀此則太古之神情如繪矣，蓋明明一西域人，而愛慕華風者也，是不啻太古之像讚也。

然此所論特名字耳，西域人於名字上效漢人加姓，亦當時風尚。《燕石集》卷五有《太學生劉君定挽詩》，原注云："君定西域人。延祐七年，中大都鄉試。"《石田集》卷九有《送李公敏之官序》，云："余在河南，即聞于闐人李君公敏能尊孔子之教，而變其俗。"《明史》一七一有《趙榮傳》，云："其先西域人。"此西域人之加漢姓者也。然種人加漢姓，當時學者實反對之，劉因《靜修文集》十九有《古里氏名字序》一篇，發表其極端反對之論，至將古里氏數世稱吳之例推翻之，而復乎古里，此則講學家之矯情奪理者也。其言曰："吳景初請予制其子名，自敘其爲女真人，本姓古里氏，以女真諸姓各就其近似者易從中國姓，故古里氏例稱吳，已數世矣。予聞之，大以爲不可。夫姓氏乃先世有所受而傳之子孫，其脈絡截然有不敢毫髮亂者，今非有所禁，而自絕本根，附於他裔，顧乃因仍苟且，徇於流俗而不恤。彼兒子之名，何所不可，而反以爲問乎？今先爲正其姓，然後名其子承，字之延伯，蓋示其不忘所天，而且有所貽也。”夫吳景初所請者名耳，而劉因乃推翻其姓，何以爲情！古里氏是女真，非色目，女真在元，本與漢人同列，其改漢姓猶不可，況色目乎！劉因之説若行，則馬祖常、趙世延等皆須去漢姓，然祖常、世延等之漢姓可去，《魏書·官氏志》所載元魏以來種人所改之漢姓，何從而去之！種族狹隘之見，不應出於大一統之時。劉因之反對種人冒漢姓，防種族混合耳，然種族混合，於人類社會之進化爲害爲利，必有能言之者。後來吳海又持反對漢人冒國姓之論，其用意與劉因正同。

吳海《聞過齋集》卷一有《王氏家譜叙》，曰："河西古諸羌，宋李元昊據之爲邊患，相繼用兵，士有陷没者，雜爲夏人，元初得天下，賜姓唐兀氏，俾附國籍，次蒙古一等。河西而仕宦者，皆舍舊氏用新氏，國家尚寬厚，雖占舊氏不禁，然能存者僅一二數。今福建、江西行省郎中王君翰，先世齊人没元昊者，乃冠舊氏名上。一日出家譜相示，自曾祖以來，皆著私名，而以河西名綴，其意謂新氏乃天子所命而不敢違，舊氏乃祖宗所傳而不可棄，故兼錄之。噫！世薄俗漓，人惟功利之趨，固有自毀其祖而冒國籍，以求仕之顯者，安有既授賜姓，猶不忍舍其舊乎！吾閱是譜，不覺爲之感嘆，彼自棄其祖者使得觀是譜而能動心焉，庶亦可改也。"

雖然，以名爲姓，古所恒有。貫雲石以父名首字爲姓，薩都剌以自名首字爲姓，而稱薩氏子焉。不獨色目人如此，凡無氏姓之種人胥如此。揭傒斯《文安集》卷九有《送變元溥序》，云："廬州舒城長變元溥，蒙古人，名變理普化，無氏姓，故人取名之首字加其字之上，若氏姓云者，以便稱謂，今天下之通俗也。"可見以名爲姓，實一極自然之稱謂，無得而議者。

程鉅夫《雪樓集》十五有《里氏慶源圖引》，述里氏定姓之由，可以推知西域各姓，皆有慕乎中華氏族之制而效之者也。曰"氏族之制，所以定親疏、別嫌疑、厚人倫也。西北諸公，以名稱相呼，以部落爲屬，傳久而差，失真尤甚，此《里氏慶源圖》之所以作乎！里氏者，隆禧院使約著所自氏也。按里氏世高昌人，其俗大抵與諸國類，又世蹂金革，雖豪王大族，能自係其所自出者無幾。惟里氏世仕其國爲大官，自大父撒吉思仗義歸朝，佐定中夏，其後列朝班寄方伯者六十人，亦既盛矣。而隆禧君大懼世代日益遠，生齒日益眾，無命氏以相別，終亦茫唐杳眇不可知而已。乃以身事本朝者，實自大父始，而大父之名，從世俗書，有從土從田之文，考若伯考之名，皆有里字，而《春秋》有里氏，遂自氏曰里氏。又溯而求之，定其可知者，至於今九世，係以爲譜，號曰《里氏慶源圖》，而隆禧爲七世”云。

約著大父爲撒吉思，俗書吉從土，思從田，田土合而爲里，望文生訓，故以里爲氏。《四庫》本改撒吉思爲薩奇蘇，不獨失其命氏之意，且不知從土從田之謂何矣。

宋濂《鑾坡集》卷七有《西域浦氏定姓碑文》，述古今定姓之法尤詳，今節錄之，亦可見元西域人同化之往迹也。曰：“浦君，西域阿魯溫人。高祖以上忘其

172

名，曾祖哲立理，元太祖時遷幽之宛平，生同知溫州路總管府事道吾，道吾生刺哲，刺哲生道刺沙、溥博，即浦君，其字爲仲淵。性穎悟，從名師傳，通《毛氏箋》，中至正壬寅江浙鄉闈一榜，辟教諭嘉興，遂占籍焉。夫西域諸國，初無氏系，唯隨其部族以爲號，蓋其族淳龐，其事簡略，所以易行。若吾浦君，居中夏聲名文物之區者三世，衣被乎書詩，服行乎禮義，而氏名猶存乎舊，無乃不可乎！於是與薦紳先生謀，因其自名，而定以浦爲姓。昔者代北群英，隨北魏遷河南者，皆革以華俗，改三字四字姓名爲單辭，而其他遵用夏法。今浦君之爲，上符古義，下合時宜，非卓見絶識，不得與於此。彼拘拘守常之士，則曰我先祖未之能行也。是惡足以論變通之故。"

變通云者，即同化也。溥博明係回回人，其兄名道刺沙，尤爲元代回回人習用之名。至溥博而字仲淵，則明明取《中庸》"溥博淵泉"之義，復通《詩毛氏箋》，則彬彬乎進文明之域矣。彼拘守常義，謂"我先祖未之能行"者，凡變一法，革一俗，必有同類阻撓之力，無古今中外皆然，浦氏定姓，不能獨免，故宋濂獎之，宋濂之識過劉因遠矣。

二　西域人喪葬效華俗

凱霖　　　　丁鶴年　　　　廉希憲

趙世延　　別的因　　　　也黑迭兒部人

畏吾兒喪事體例　　禁色目人效漢法丁憂

封建社會最大之禮制，莫過於喪葬。然考元人喪葬，較考元人名氏爲難，因宋元人習慣，喜求人爲名字說，故易於考見，而關於喪葬之記載，則諸家著述極稀。許有壬《至正集》五三有《西域使者哈只哈心碑》，言凱霖一家改革舊俗事甚詳，名氏喪葬，均改從華俗而不恤。凱霖兄弟交許有壬久，故有壬備知之。其言曰："公諱哈只哈心，阿魯渾氏，西域人。隸王旭列邸，王邸在極西，遣公入覲計事，公夙慕中土，挈家行。初至和林，元帥荀公奇之，妻以女，生二子，長阿合馬，次阿散。麥砧哈櫓，西域名族，念公賢，贅阿散其家，生二子，長暗都剌，次凱霖。暗都剌兄弟鞠於外家，攻儒書。既長，益習禮訓，謀於師友曰：'古之姓，或官或封，無常也。吾其從祖母之

174

荀乎！'遂姓荀氏。又曰：'我兄弟讀書學禮，無名字
其可，名則不敢忘吾先，而字則從華可也。'於是師
友相與字暗都剌曰平叔，凱霖曰和叔。"此言凱霖兄
弟名氏改從華俗之經過也。又云："和叔寶慶路邵陽
縣達魯花赤，移彰德路臨漳縣，更移安陽。愛其山
水，思妥其先，卜地司空村，有飄風旋塵爲渦，導馬
首者七，衆皆見之。下馬默禱：'若吾祖考宜此地，當
止。'風即泯，買而爲兆域，遷祖考妣、考妣、兄，以
泰定四年二月葬焉。以公西來而爲使也，表之曰'西
使之阡'。嫂侄繼母弟相繼没，俱祔焉。"又云："我
元始征西北諸國，西域最先內附，故其國人柄用尤
多。大賈擅水陸利，天下名域區邑，必居其津要，專
其膏腴，然而求其善變者則無幾也。居中土也，服食
中土也，而惟其國俗是泥也。和叔則曰：'予非敢變予
俗，而取擯於同類也，其戾於道者變焉。居是土也，
服食是土也，是土之人與居也，予非樂於異吾俗，而
求合於是也。居是而有見也，亦惟擇其是者而從焉。
自吾祖爲使而入中國，委骨於是，若詩書禮樂，吾其
可不從乎！俗之不同，理之頓異，吾其可從乎！'"於

戲！若和叔者，孟子所謂善變者也。其俗不銘，而銘其先，其俗墓近人，而必遠五害，此其變之小者也。此言凱霖遷葬其先人改從華俗之經過也。凱霖實回回人，其善變華俗如此，其持論之平允和藹又如此，字曰和叔宜矣。

凱霖而後，西域人喪葬改從華俗最著者爲丁鶴年。戴良《高士傳》（《九靈山房集》十九）云："鶴年父武昌公死時，鶴年年甫十二，已屹然如成人。其俗素短喪，鶴年以爲非古制，乃服斬衰三年。及夫人捐館舍，鶴年哀毀盡瘁，鹽酪不入口者五年。"此言鶴年喪制從華俗也。烏斯道《丁孝子傳》（《春草齋集》卷七）言："鶴年避地二十餘年，兵後還武昌，訪生母葬地，自秋至冬，遍詢莫知者。鶴年作母主，早暮拜母主前，求五旬浹有報，拜至七日夜，夢母氏出高堂中，以慟即寤。晨起，鄰老楊重者至，云：'吾昨夜夢子之母氏，堂宇間自內出，以酒肉見賜。'鶴年以夢母氏與鄰老同，試即其地物色之。見平陸土有陷下者，意謂吾聞母葬時無棺椁，上覆敗舟板，人與板腐盡乃爾。遂陳酒肉以祭，祭畢斸其土，肯朵兒。然恐他墓偶有同者，復嚙指血骨上，良久拉去，血骨通變茜色，乃收骨棺斂葬是鄉。鶴年廬墓終身，一時論者咸稱爲孝子。"此言鶴年葬法從華俗也。作母主以拜，陳酒肉以祭，皆漢法，非回回法。血骨棺斂，亦華俗，非回回俗。至於夢示葬處，與凱霖之風導馬首，同爲吾國說部習見之詞調，足見其受印象於華俗者深也。

然三年之喪及丁憂之制，元初西域人已有行之者，不自鶴年等始也。《元史》一二六《廉希憲傳》："至元元年丁母憂，率親族行古喪禮，勺飲不入口者三日，慟則嘔血，不能起，寢臥草土，廬於墓傍。宰執以憂制未定，欲極力起之，相與詣廬，聞號痛聲，竟不忍言。未幾，有詔奪情起復，希憲雖不敢違旨，然出則素服從事，入必縗絰。及喪父亦如之。"又卷一八〇《趙世延傳》："元貞元年，除江南行御史臺都事，丁內艱不赴。"時丁憂之制尚未著爲令甲也，然廉希憲、趙世延已自行之。《元典章》吏部五《官吏丁憂終制叙仕》條，載大德八年詔書，曰："三年之喪，古今通制，今後除應當怯薛人員、征戍軍官外，其餘

177

官吏父母喪亡，丁憂終制，方許叙仕。"是大德八年以前實無丁憂限制也。故《元史》卷一七八《梁曾傳》云："大德元年，除杭州路總管。四年，丁內艱。先是丁憂之制未行，曾上言請如禮。"此漢人自請如禮也。廉希憲、趙世延非漢人，而亦熱心古禮。且元制凡關於中國禮俗之事，必令蒙古、色目人除外，無限制之者。《元史》卷八三《選舉志》："大德二年詔，凡值喪，除蒙古、色目人員各從本俗外，管軍官並朝廷職不可曠者，不拘此例。"斤斤然唯恐漢法之拘束之，而廉希憲、趙世延乃樂於受古禮之拘束，此猶謂文人曾讀孔氏書者然耳，而亦有非文人而用中國禮者。據黃溍《金華集》卷二八《答禄乃蠻氏先塋碑》，乃蠻曲出禄後人，有別的因者，至元間爲池州、臺州兩路總管府達魯花赤，居喪用中國禮，黃溍稱之曰："公之至孝，出於天性，蓋北方喪禮極簡，無衰麻哭踊之節，葬則刳木爲棺，不封不樹，飲酒食肉無所禁，見新月即釋服。迨公居張夫人之喪，始悉用中國禮，逾年乃從吉。"據碑，張夫人之卒在至元二十一年，時三年之喪未定，而別的因自行之，可見其受華化甚早也。別的因《元史》一二一有傳，而不言其居喪用中國禮。

又有一事，足證元時西域人模仿中國習俗，應有盡有。前吾聞天主教人有不滿於利瑪竇者，謂其京師阜成門外葬地，有翁仲等供地下之驅遣，幸義和團來始發其覆。吾初疑其誣衊利瑪竇過甚，及見歐陽玄所爲《馬合馬沙碑》（《圭齋集》卷九），乃信天下事無奇不有，有非思想所能及者。馬合馬沙之父也黑迭兒，建築燕京宮城，已詳《美術篇》。碑稱："也黑迭兒以修築宮城有功，部人鑿石作像，髭髯咸肖，設置墓舍。族屬見之，謂其非法，謀棄隱處。世祖夜夢也黑迭兒，若有訴事，狀如生平。明發召詰其家，以像事告，亟命止之。"斯事也，與天主教人誣利瑪竇之事甚相類。也黑迭兒爲回回教徒，回回教之厭惡偶像，比天主教過無不及，而也黑迭兒之墓舍，竟有石像焉，此石像非出於華人，而出於部人，雖出於部人，而其子馬合馬沙任之，尤奇焉。特原碑所稱"亟命止之"者，止而不設乎？抑止而不棄乎？部人設置之，族屬謀棄之，也黑迭兒之示夢，取何態度？歐陽玄文不明瞭，若也黑迭兒而不欲棄此石像也，則真死心於中國化者矣；即也黑迭兒而欲棄此石像，然其部人已設置之，亦可表示其部人之中國化。

尚有其他方法足證元時西域人喪葬有效漢俗者：

一、《元典章》禮部三有畏吾兒喪事體例，禁止畏吾兒效漢兒體例，必其有所效，而後有所禁也。其條文有云："休似漢兒體例行者，搭麻花、挂孝、穿團頭，都休穿帶者。燒了收骨殖呵，休似人模樣包裹者，休暖墓兒者，休引靈者，或是揀莫那個七條里，休依漢兒體例。紙做來的金銀、紙房、紙人、紙馬、襖子，休做者。"

又云："中書省札付：畏吾兒田地里，從在先傳留下底各自體例有來，這漢兒田地里的眾畏吾兒每，喪事體例有呵，自己體例落後了，隨着漢兒體例。又喪事多宰殺做來的勾當每，上位聽得上頭帖薛、不速蠻也喪事里，依各自體例行有。從今已後，這漢兒田地里底眾畏吾兒每，喪事里只依在先自己體例行者，漢兒體例休隨者。"

"漢兒田地里的畏吾兒"，即雜居漢地之畏吾兒。畏吾兒雜居漢地，即沾被漢化，雖有此反覆叮嚀之禁戒，奈衆楚人咻之何！帖薛，謂基督教徒，《至元辨僞録》卷三所謂"迭屑人奉彌失訶，言得生天"，迭屑即帖薛，彌失訶，近譯彌賽亞也。不速蠻謂回教徒，《長春西游記》卷上所謂："至阿里馬城，鋪速滿國王領諸部人來迎。"鋪速滿即不速蠻，或作木速兒蠻也。

二、《元史》三十《泰定帝紀》："致和元年夏四月己亥，塔失帖木兒、倒剌沙請，凡蒙古、色目人效漢法丁憂者，除其名。"丁憂之制，本蒙古、色目人除外，其後蒙古、色目人效漢法者衆。塔失帖木兒代表蒙古人，倒剌沙以回回代表色目人，各欲限制其本俗。然流風所被，莫之能御也。《元史》三十二《文宗紀》："天曆元年（即致和元年）十二月戊午，詔蒙古、色目人願丁父母憂者，聽如舊制。"此即取消四月時倒剌沙之議。文宗黨深惡泰定黨，故特反其所爲，然亦因效漢法者慣例已成，除名不勝除，不若聽之爲便。《元史》八十三《選舉志》："天曆二年，詔官吏丁憂，各依本俗。蒙古、色目仿效漢人者，不用部議，蒙古、色目人願丁父母憂者聽。"此與《文宗紀》所記本同一事，特詳略稍殊。彼云天曆元年，此云天曆二年，因天曆元年十二月己丑朔，十二月戊午，除夕也，故《選舉志》係之二年。"不用部議"者，不除其名，聽其自便也，不啻明許之矣。

王禮《麟原集》卷六有《義冢記》一篇，言西域人以中國爲樂土，而不肯西歸。其詞曰："義冢者何？西域氏族塋也。營之者誰？吉安達魯花赤也。於是可知混一之盛矣。何也？西域之於中夏，言語嗜欲殊焉，雖漢唐以來，婚媾有之，然各懷舊族，不能雜處他土，顧安有生西域而葬江南者。惟我皇元，肇基龍朔，創業垂統之際，西域與有勞焉。洎於世祖皇帝，四海爲家，聲教漸被，無此疆彼界，朔南名利之相往來，適千里者，如在戶庭，之萬里者，如出鄰家，於是西域之仕於中朝，學於南夏，樂江湖而忘鄉國者衆矣。歲久家成，日暮途遠，尚何屑屑首丘之義乎！嗚呼，一視同仁，未有盛於今日也！"首丘之義不顧，尚何論乎葬儀，恐從華俗者衆矣。

三　西域人祠祭效華俗

馬慶祥褒忠廟　　　　馬合麻生祠

凱霖五龍廟　　　　　馬合謨白龍潭廟

答失蠻靈隱寺佛像

　　古者有功於民則祀，建祠造像，所以崇德報功，其爲用與今之鑄銅像、立紀念碑者無異。或一鄉一族中，不能不有一公共聚會之場，於是立廟建祠，置彼此所共崇拜古先之像或主於其中，以伸景仰，亦人情所不能已也。愚者爲之，則信偶像之有靈，有嚮之禱祀邀福者矣，一神教徒所以以拜偶像爲大戒，而不容此等祠宇之存在也。然此特末流之失耳，與有功於民則祀之初旨何關！今人游建國偉人銅像之旁，免冠致敬，瞻仰徘徊而不忍去，又胡爲者！不能以習俗儀節之不同，遂謂露天矗立之銅像爲優，而廟貌森嚴之偶像爲劣也。明乎此，可以與言元時西域人關於祠祭之觀念。

　　始吾讀《元遺山集》二七《恒州刺史馬君神道碑》，知爲馬祖常之高祖馬慶祥，固明明基督教世家也（說見《儒學篇》）。而馬慶祥沒後，金人爲立像汴京褒忠廟，歲時致祭。吾極疑之，以爲不應以此施之基督徒，既而思之，立像猶鑄銅像耳，歲時致祭，紀念云爾，所異乎銅像者，廟祀而已，有何不可。及讀周霆震《石初集》卷七，又有《義兵萬户馬合麻安塘生祠記》，始知元人對於回教徒亦以此施之，所謂有功於民則祀也。其詞曰："今義兵萬户馬合麻公致遠，撫士恤民，盡心報國，始終不渝。公之先，自西域徙京師，宦游四方，子孫益盛。致遠侍親杭浙，以蔭補官，授廬陵井岡巡檢，職在察奸求盗，而所至書策自隨，深有意濂洛之學。事上接下，温厚和平，至綱常大義所關，則正色凜然，不可毫髮忤。臨危涉險，慷慨出萬死如履坦途，蓋由詩書講貫之餘，有以察夫天理民彝，而此心之涵養有素也。於是里之父老相率立祠江滸，以係其思，若《召南·甘棠》之詩，西都循吏之傳，張益州畫像之仿佛其平生衣冠狀貌，有不自知其然而然者。雖公之德業聞望，不係祠之有無，然人情感慕之誠，則必因祠以著。"

此文最能代表中國人所以立廟建祠之故，與一神教徒所排斥之偶像，其性質絶對不同，所謂《甘棠》

之思，感慕之誠，純爲紀念性質，何嘗有絲毫邀恩祈福之意！此而不許，非人情也。回教徒惡偶像比基督教徒尤甚，今安塘人乃以施之回教徒，未聞馬合麻有拒絕之詞也。以較也黑迭兒墓舍之石像，又進一步矣，因彼之像在翁仲，而此之祠在本身也；以較馬慶祥汴京之襃忠廟，亦進一步矣，因彼之廟在死後，而此之祠在生前也。然此皆受人祠祭者耳，猶可謂其權不操諸己也。更有致祭於群祀者，在元西域人中亦恒見之，奇其出於基督教及回教徒也，是真深染中華習俗者矣。馬祖常《石田集》有《陪可用中議祠星於天寶宮》詩，薛漢《宗海集》又有《送馬少卿伯庸南祀嵩恒淮瀆》詩，固已絕非基督教世家所宜有矣。然其他詩文集中如此類題尚衆，且或出於回教徒，不勝引。夫嵩、恒、淮、瀆，爲古諸侯所祭，載在典禮，馬祖常既歸儒，宜可往祭。然有事不師古，迹涉荒唐，非佛非儒，等於迷信者，亦時見有一神教徒隨俗祭之，奇也。今舉《安陽金石錄》卷十五龍廟、白龍潭二碑，以著其例。

《五龍廟碑》爲許有壬撰。其略曰："彰德路安陽縣西北五里，洹水之陽有五龍廟，廟之下水黑而深，洹水至是潛而後泄，其龍居之淵乎！太原元裕之效虞初書，言明昌中，風拔廟樹，印地有迹，事頗涉怪，而不及廟之建始何時。其號五者，具五方爲象設爾，以其禱之屢孚也。路達魯花赤荀公凱霖、同知阿藍、判官毛剌真，嘗修其廢，築臺其前。至元四年戊寅，夏旱甚，苗盡槁，荀公曰：‘五龍廟效靈自昔，協恭精禱，神其憫乎！’於是率僚屬，齋沐，具香幣禱焉。戊子行事，云乃起，是夕微雨，越翌日，雨大作，三日乃止。苗之槁者浡而興，市之閉遏者發，人之轉徙者息，病者以蘇，訛言以寂，豐凶笑顰，變乎旦夕。既報祀，安陽縣尹趙君時敏刻石以昭神貺，以達邦君之休。”原按：“碑久毀沒。”今據《至正集》五二補入。凱霖即前章《西域使者哈只哈心碑》之凱霖，固明明回教徒也。“五龍”云云，與《舊約》書中以色列人之金牛犢何異，而凱霖竟隨俗祭之。出於中國官吏不奇，出於其他西域官吏亦不奇，出於回回教世家之官吏則奇，習俗移人，抑官守有限也。

　　《白龍潭廟碑》爲王博文撰並書。其略曰：“距城西南二十里潘流村有白龍潭者，叢祠蔚然，其水不經見，其詳不得而考焉。故老相傳，中有神物居之，頃年旱暵，有禱輒應。泰定丙寅，燕人馬合謨來守是邦，越明年丁卯秋旱，禱而果雨，遂割俸金，一新廟貌，所以答神貺也。又明年戊辰，實致和改元，正月不雨至六月，蹇陽肆凶，麥無完穗。太守有憂之，躬率僚屬，絕膻葷，去巾襪，徒步而詣所謂白龍潭者。即事之始，先以絳帕冪二瓶，置香案，謂之請聖水，得請則水滿其瓶，不得請則瓶空如故。於是祝奠如儀，肅拜無算。未幾，瓶中水滿，而絳帕不濡，輿水以歸，崇奉惟謹。居二日，陰云四合，而雨乃大作，槁苗浡興，人心帖寧，歲號小稔。嗚呼，龍固靈物也！不有僉判等之精誠，無以見其神異，不有太守閔農憂，無以盡其虔禱之勞。太守固賢二千石，不有視民如傷之心，無以回天地之和氣。嗚呼，盛矣哉！"

原按："碑亦佚。"據《鄞乘》刪節本補入。碑所云云，實爲神話，而太守之虔禱，乃出於精誠，吾不知其信仰改變之心理若何。《道光廣東通志》二四一《宦績錄》，有馬合謨，字端卿，回回人。後至元三年爲海北海南廉訪司副使。重農勸學，夏旱祈禱，令儒生齋戒集文廟，誦《雲漢》之詩，告祝懇至，即日大雨。與守安陽之馬合謨事極相類，名適相同，未識是否一人。而中華習俗之移人，真有可驚者，魯人獵較，孔子亦獵較，吾見今一神教徒之躋登顯要，輒改其故步，亦可持此解嘲乎！其他元代祠廟碑刻中之西域人題名，不勝枚舉。大抵一廟一碑之立，凡官於斯土者，例得列名碑陰，不論其與本身之信仰若何也。《擴古錄》十八載山東臨朐縣碑刻，有《沂山東鎮廟祭春記》，爲至大四年馬合麻撰並書，皆西域人祠祭之效華俗者。前清時回回教徒有官至三品即須反教之謠，吾聞而疑之，綜觀以上事實，其説不爲無因歟！

《兩浙金石志》卷十五有《元答失蠻重裝佛像記》，云："靈隱禪寺，伏承大功德主江浙等處行省□□左丞相順□□答失蠻，布施金子彩色，重裝佛國山諸佛菩薩聖像，所集洪因，端爲祝延皇帝萬歲。至大三年九月日，住持僧正傳謹題。"記在西湖飛來峰，摩崖正書，字徑一寸。答失蠻《元史》無傳，然以答失蠻爲名，當爲回教徒。重裝佛像何事，而可出於回教徒者!《元史·武宗紀》載"至大三年九月,御史臺臣言:江浙省丞相答失蠻,於天壽節日毆其平章政事孛蘭奚,事屬不敬"云云。與此題記年月正合,是答失蠻一面出資重裝佛像,一面於大庭廣衆中毆人,亦元西域人之特色。出於巨官,載之正史,均可爲發噱者也。

四　西域人居處效華俗

馬祖常石田山房	余闕青陽山房
張閭益清堂	馬季子懷静軒
斡朵忽都魯忠順堂	守中霜月軒
錢寶臣容膝軒	答里麻識理一清堂
買閭一樂堂	偰公遠近思齋
仲禮九思堂	薩德彌實瑞竹堂
伯顏子中池亭	偰玉立絳守居園池
舍剌甫丁池圃	答彦修雲溪小象

居處能表現人之精神,簞瓢陋巷,顏子樂之;環堵蕭然,五柳先生晏如也。然此非所論於元西域人,因元西域人豐裕者多,貧乏者寡,無論如何不致有環

堵蕭然之景况也。惟名園別墅則有之，此唐風也。自唐以來，莊園之風極盛，離宮別館，榱棟相望，風氣所趨，西域人亦競相仿效，此其故半因豪富，半因愛慕華風。迨乎建置既繁，題榜署名，輒相因襲，王士點《禁扁》之作，即所以標異避同，其盛可想也。

馬祖常於淮南築別業，名石田山房，自爲圖記（《石田集》附録），指韵求詩。其詞有曰："屋側有崇丘，可五七丈，溪水傍折而出。岸碕之上，嘉樹苞竹，薈蔚蔽虧，前爲木梁，梁溪而行，周垣悉編菅葦，門屋覆之以茨。歲時里鄰，酒食往來，牛種田器，更相貰貸，寒冬不耕，其父老各率子若孫，持書笈來問《孝經》《論語》孔子之説。其耕之土雖磽瘠寡殖，不如江湖之沃饒，然猶愈於無業也。"此馬祖常之所居，以山房爲名，而以耕讀相標榜也。

余闕亦於淮西築別業，名青陽山房。儲書其中，屬新安程文爲之記（《青陽集》附録），曰："青陽山房在今廬州東南六十里巢湖之上，因山以爲名，武威余公讀書之處也。余公之未第也，躬耕山中，以養其親。即田舍置經史百家之書，釋耒則却坐而讀之，以求古聖賢之學，是時未有青陽山房之名也。及其出仕，不忘其初，乃辟其屋之隘陋而加葺焉，益儲書其中，冀休官需次之暇，以與里中子弟朋友講學於此，始有青陽山房之名。"此余闕之所居，以山房為名，而以耕讀相標榜也。

山房之名，宋始有之，大抵為山居讀書之所。蘇軾《東坡文集》五三有《李君山房記》，云："李公擇少時讀書廬山白石庵。公擇既去，山中之人思之，指其所居為李氏山房，藏書九千餘卷。不藏於家而藏於故所居之僧舍，此仁者之心也。"《宋史》四一六《曹顗傳》："顗知建昌縣，復故尚書李常山房，建齋舍以處諸生。"是山房者實含有藏書以供人就讀之意，馬祖常、余闕以是名其居，猶是宋人遺俗也。

張閭有益清堂，迺賢《金臺集》卷一《題益清堂詩序》云："閩海憲使合魯桓穆公，歸休嵩山之下，鑿池引流，列植卉木，扁其燕處之堂曰愛蓮。公沒，堂池逮廢，其孫國子生張閭伯高，謙恭好學，思繼先志，乃復增葺而新之，國子先生陳伯敷易其名曰益清。伯高謂余曰：'與君世寓南陽，且支裔聯屬，不可無作。'因賦律詩十有四韵，以復其命。"詩有"吾宗多秀發，公子獨清修"之句。張閭之張，漢姓也，不有此序，孰知其與遒賢同宗。今以益清名其堂，蓋有取於愈進文明去舊俗愈遠之意乎！

然亦有雖進文明，而不忘舊俗者，馬祖常之從子馬季子是也。馬季子有懷靜軒，王逢《梧溪集》卷四下《題懷靜軒詩序》云："懷靜軒者，居延馬季子之所創也。季子之先曰月哥，曰理术，自雍古部族居靜州天山。一傳爲習禮吉思，仕金死節，二傳爲月忽那，從世皇南征，以勞拜禮部尚書，三傳爲世昌，四傳爲禮，五傳爲祖中、仲氏祖常，六傳爲季子，居於淞之竹岡。軒以懷靜名，示不忘本也。"

靜者靜州，馬季子祖所居也。元時西域世族，類能以詩書化其樸野，其祖若父雖起家甲胄，一二傳即沾被華風。其舊俗譬之江河，中國文明則海也，海無所不容，故無所不化，而其所以能化之速者，首由物質供給之豐腴，而詩書禮義隨其後，所謂衣食足則禮義興也。

翰朵忽都魯有忠順堂，劉敏中《中庵集》（元刻本卷廿三）云："高唐監郡斡朵忽都魯，係出西城（《四庫》本卷三作域），讀書樂善，士夫稱之。兄弟六人，而君爲季，其父獨以君襲是職，監郡凡三世矣。作忠順堂居之，因郡人元恒齋正卿來徵言，贈以二詩。"有"系族來何遠，文儒夙所耽"之句。元恒齋爲高唐王闊里吉思客，斡朵忽都魯爲高唐王屬吏，忠順堂者，其讀書宴客之所也。《中庵集》十四又有《樗亭銘》，四庫本十九注云"爲回紇人作"，然則樗亭者，亦回紇人之中國建築歟！

守中有霜月軒，王毅《木訥齋集》卷一有《霜月軒詩序》，云："高昌守中，榜其讀書之室曰霜月軒，求予叙其卷端。守中無亦操履嚴潔，有似於霜，心術光輝，有似於月，故名其軒以見志邪！守中家世顯榮，德性謙退，謝綺紈之習，敦詩書之好。予愛其德，由是而勖之，則將凜凜乎其有守，昭昭乎其有見，丙夜讀書軒中，庶幾斯名之稱情也。"

錢寶臣有容膝軒。陳高《不繫舟漁集》卷十四有《容膝軒銘》，曰："高昌錢寶臣氏，名所居之室曰容膝軒，昭其儉也。"

答里麻識理有一清堂。舒頔《貞素齋集》卷一有《一清堂記》，云："前江淮知府理侯來宰吾邑（績溪），官安而吏多暇，築堂於寓舍之隙，爲燕息之所，扁曰一清。侯高昌人也，仕於南國歷年多，見世之汩泥揚波者衆，懼辱於己，乃棄大府而僻壤是依，潔身治事，若甚宜之，扁堂曰清，侯之心可見矣。"

買閭有一樂堂，孟子曰："父母俱存，兄弟無故，一樂也"。《梧溪集》（卷五）有《懷哲操序》，云"懷哲，美買閭教授敬親愛弟也。惟敬愛也，不以禍亂窮羈少渝焉，構堂名一樂。前朝儒公卿頌述備至，而琴操缺遺，故予補之"云。

偰公遠有近思齋。孔子曰："切問而近思，仁在其中矣。"鄭元祐《僑吳集》卷七有《近思齋箴》，注曰："爲高昌偰公遠作。"有"聖徒示訓，在思之近，譬則升階，斂步而進。級盡一級，學博理窮，篤志切問，仁在其中"之句。

仲禮有九思堂。孔子曰："君子有九思。"趙汸《東山存稿》卷四《九思堂記》云："九思堂者，高昌仲禮公閑居之所也。至正十一年冬，公蒞兩浙鹽政，

194

命前所治邑休寧諸生趙汸爲文以記之。汸聞諸君子，一言而可決天理人欲之幾者，日思而已，故吾夫子之教，欲人即身心日用以慎夫所宜思，其目雖九，而思則一。公能取之以名其堂，信乎知所先務者矣。"

薩德彌實有瑞竹堂。吳澄《文正集》十三有《瑞竹堂經驗方序》云"盱江郡侯，蒞官餘暇，注意於醫藥方書之事，遇有得必藏之，積久彌富，題日《瑞竹堂經驗方》。侯名薩德彌實。瑞竹堂者，往時侯插竹爲樊，竹再生根，遂生枝葉，人以爲瑞，而侯以扁其堂"云。《瑞竹堂經驗方》今不傳，所傳者清《四庫》輯《永樂大典》本，固中國藥方，而非西域藥方也（元有回回藥方院）。可見元時西域人居處服食，無所往而不華化矣。

此外建築物之見於《儒學篇》者，有闊里吉思之萬卷堂，回回之時齋，見於《文學篇》者，有察罕之白云山別墅，皆西域人佳構之慕效華風者。《文學篇》又稱伯顏子中卜居進賢之北山，躬自創竹屋三間，讀書其中。讀《元詩選》劉聞《容窗集》，有《詠顏子中池亭》二首，猶可想見其風景。詩云：

池净天容湛，窗虚水氣通，遠山來户外，飛雨灑亭中。薜荔含朝景，蒹葭集晚風，平生江海念，相對興無窮。

種樹年年長，開窗面面凉，雨苔生砌綠，秋葉堕池黄。得句閑拈筆，抛書懶近床，旅懷隨所至，誰復計行藏。

其風景固江南風景也。

《元詩選》偰玉立《世玉集》有《絳守居園池》詩，序云"乙酉之秋，七月既望，余自河中讞獄還司，過絳，登守居園池。昔日亭墅，悉已埋没，獨泂漣亭、花萼堂復構以還舊觀，流泉蓮沼，猶仍故焉。堤柳陰翳，徑花鮮妍，庭竹數竿，清風泠然，有塵外之思，即事賦詩"云云。

偰玉立以一摩尼教世家（見《儒學篇》），對於古人遺迹加意保存，發爲詠歌，寄其遐想如此，此又西域人之愛慕林泉者也。林泉之好，爲人類所共，不能謂爲中華所獨，然元西域人率以武功起家，其性質宜與林泉不相近，而有時飄然物外，輒令人神往，不料其爲西域人者，不得不謂之華風。

阮元《兩浙金石志》十六有《舍剌甫丁墓碣》，爲泰定元年物，得諸南屏山麓。無額，上刻云月之形。云月形者，回回教徽號，即今新月旗也。碑稱："公以伯顏丞相薦，充嘉興上海縣達魯花赤，累調紹興之山陰、衢之常山、建康之句容，過化之地，皆有恩澤及民。乃急流勇退，隱居於杭之豐樂橋東，築池圃，植花竹，爲高世避賢之舉，以禮義教子孫，以詩酒交親友，視富貴如浮云，得逍遙物外意，《易》所謂'知進退存亡'者，公有之云。以至治三年卒，年七十有四。子五人，長木八剌沙，次納速魯丁，孫三人，長阿老丁，葬於錢塘之西湖南園。"

舍剌甫丁爲回回教世家，當無疑義。惟阮元跋據《杭州府志》，謂其長孫阿老丁，曾於文錦坊南建真教寺，俗名禮拜寺，則未必然也。據《西湖游覽志》十八真教寺爲延祐間回回大師阿老丁所建，今碑稱舍剌甫丁卒於至治三年，是真教寺之建，在舍剌甫丁未卒前七八年。阿老丁爲舍剌甫丁長孫，時年當未滿三十，未必可稱爲回回大師。且祖若父並存，即有建白，亦未必自居其名。則建真教之阿老丁，當另一人也。不能以其同名而一之，因西域人同名者衆也。

回回教世家有高致不減舍剌甫丁，而爲同時文人所稱慕者，有答失蠻彥修。彥修於至正十年爲秘書少監，危素《説學齋集》卷四有《雲松隱者圖序》，云："雲松隱者，西域彥修君之別號也。彥修世胄高顯，早游成均，歷官清要，襟度夷雅，恬澹自得，居京師修文坊，恒杜門却掃，留情詩書文藝之間。嘗誦唐李翰林廬山巢雲松之詩，而愛其山，屹立江上，飛泉怪石，佳花美木，往往而見。徒以縻於職守，未遑置身其地，故寄興是圖，朝夕覽觀焉。嗚呼，世之人亦孰窺其高致哉！"

何以知爲答失蠻？則以李士瞻《經濟集》卷六有《甲午歲題江漢王粲樓，和答石蠻彥修韵》一首。甲午爲至正十四年，故知其爲雲松隱者之彥修也。許有壬《至正集》六七又有《答失蠻彥修雲溪小象贊》，尤具有出塵之想，蓋涵煦百年，而北鄙殺伐之聲絶響矣。其詞曰：

厭膏梁之腴，而采山釣魚，舍鮮華之服，而博帶長裾，拂朝市之塵，而居巖壑之僻，刷貴介之習，而爲山澤之臞。栖神於澹泊，游心乎詩書，長松蔭庭，春酒在壺。人間富貴之樂，有及此迂疏者乎！政恐不免於用世，而亦將爲一琴一鶴之徒也。

趙翼《廿二史劄記》三十謂元季士夫風雅相尚。豈獨中國士夫，西域士夫其高致不讓華人也。丁復《檜亭集》卷八有《送答彥修御史調西臺》詩，答即答失蠻之簡稱。

卷七　女學篇

一　西域婦女華化先導

李舜絃

一代之史，一方之志，卷末必附列女，今言西域人華化，不可不於婦女求之。始吾《元西域人華化考》稿成，王國維、英斂之二先生先後告我以前蜀李珣事。據黃休復《茅亭客話》卷二、何光遠《鑒誡錄》卷四，均稱珣爲土生波斯，有詩名，所著有《瓊瑶集》，可補吾西域人華化先導一節。吾因李珣而聯想及王衍昭儀李舜絃。舜絃，李珣妹，《全唐詩》第十一函有李舜絃詩，楊慎《詞品》云："王衍昭儀李舜絃，饒詞藻，有《鴛鴦瓦上》一首，誤入《花蕊夫人集》。"詞云："鴛鴦瓦上瞥然聲，畫寢宮娥夢裏驚，元是我王金彈子，海棠花下打流鶯。"一作王建詩。《全唐詩》又作王衍宮人李玉簫詩。然無論此詩爲誰作，李舜絃固以波斯女而能詩也。《圖繪寶鑒》卷二言"李夫人西蜀名家，善屬文，尤工書畫。郭崇韜伐蜀得之，夫人鬱悒不樂，月夕獨坐南軒，竹影婆娑可喜，即起揮毫濡墨，模寫紙窗上，明日視之，生意具足"云。是李舜絃復以波斯女而能畫也。李珣可爲元西域人華化之先導，李舜絃可爲元西域婦女華化之先導矣。

二　西域婦女之華學

趙世延女（貫雲石女）　　　　　偰哲篤妻

丁鶴年姊（鐵鉉二女）

前《美術篇》引《書史會要補遺》，有"趙夫人鸞，中書平章世延女，中書參政許有壬室。能琴書，善筆札"云云。應詳求趙夫人歷史。《至正集》六四有《亡室高陽郡夫人趙氏志》，夫人名定，永平人，與此雍古部氏絕非一人。惟同志末有"夫人子燕山，繼夫人趙氏子之如己子"一語，則此當爲許有壬之繼室。《安陽金石錄》十二有《魯郡夫人趙氏墓志銘》，夫人諱鸞，志中亦有"前趙夫人有子曰燕山，撫育如己出"一語，即《書史會要》所稱道者也。據《金石錄》，"此石藏小營村民家，乾隆二十一年出土，字多沒滅。今移置許文忠公祠，後半截殘缺不完"云。其文爲陳旅所撰，《安雅堂集》十一載之，武億蓋未之見，今撮録以補《安陽金石錄》之缺。文云：

中書參知政事安陽許公有壬之夫人趙氏，諱鷥，字善應，魯國公諱世延之女，母劉氏。魯公本雍古部人，由公業儒，始氏趙氏。夫人朗惠而厚靜，幼時古文歌詩入耳輒能記，七歲誦《周易》書，屬對，九歲使頗學女事，則《論語》《孟子》、小學書皆成誦矣。魯公之平章蜀省也，奸臣以詔逮公係請室，夫人年十三，即却葷肉，向北斗拜禱，凡三年。旦夕哭泣，至瞖其兩目，魯公難解，目遂明如初。魯公文學政事重海内，而女又賢明，選婿稱難其人。初，參政以進士廷對，魯公爲讀卷官，及參政爲兩淮轉運使，喪偶且期，值魯公還金陵別業，因請婚，於是夫人歸焉。魯公以其能誦《易》，嘗教之笙。自廣陵如鄂，未至金陵三十里，聞魯公與劉夫人偕來，筮得觀之益，曰："納甲法，乾宮全用，土爲父母，陽土伏而不出，其飛來者陰土也，切身且動，吾母其獨來乎!"已而果然。至鄂，聞城中火，且及所居，參政以爲憂。筮得坎，其占爲傷財，夫人曰："此則不必以納甲論，當冬占火而得坎，火能神乎!"火果止。其識類非師傅方册所有者，諸陰陽家書，皆能通之。魯公嘗言"吾教之一，其自得蓋六七"云。能琴，居五年，參政不知，偶攜琴自怡，夫人始一鼓，乃作十餘曲。又善筆札，皆不自表襮。生長將相家，而服食約素，遇親舊不擇貴賤，一巽抑若寒門女，其善行蓋有不可殫言者。

自"魯公以其能誦《易》"句以下，《安陽金石録》全闕。此文可注意者，趙世延本基督教世家，予既由種種方法證明其晚年好道，隱居金陵之茅山（詳《佛老篇》）。今此文言其女拜斗，善卜，通陰陽家言，可知世延家學，實雜孔、老、陰陽、術數爲一堂，色目人沾染華俗之深，無逾於此。

貫雲石晚好浮屠，《元史》一四三本傳據歐陽玄《貫公神道碑》，謂："雲石女一人，有學識，能文章。適懷慶路總管段謙。"名父之女，皆慕華學，二女可稱無獨有偶。

畏吾兒偰氏，爲摩尼教世家（詳《儒學篇》）。孔齊《至正直記》卷三云："高昌偰哲篤世南，以儒業起家。在江西時，兄弟五人同登進士第，時人榮之。且教子有法，爲色目本族之冠。其子偰伯僚遜，至正五年進士，歷官翰林應奉文字。"人知偰哲篤教子有法，不知非獨哲篤能也，其夫人亦賢母也。黄溍《金華文集》三九有《魏郡夫人偉吾氏墓志銘》，云"今吏部尚書偰哲篤公之夫人卒，尚書既親志於幽堂，其子偰伯僚遜等，復以尚書之命，征予銘。予辱與尚書有同年之雅，不敢以不文辭。謹按夫人諱月倫石護篤，字順貞，係出偉吾氏，曾祖而上，世仕本國。夫人生而聰慧，稍長能知書，誦《孝經》《論語》《女孝經》《列女傳》甚習，見前史所記女婦貞烈事，必再三復讀而嘆慕焉。年十七歸於偰氏。偰氏本突厥之貴戚，自唐以來，世相偉吾氏，遂爲其國人"云。

志中敘夫人事姑教子事甚詳，以關婦德，不備述。非輕婦德，以爲婦德者何族蔑有，不得指爲華學，本篇所論是華學，非婦德也。偉吾氏文字與漢文異，夫人所習之《孝經》《論語》，當非畏吾兒文，而爲漢文，故謂之華學。《孝經》、《論語》或有畏吾兒譯本，然《女孝經》《列女傳》及前史所記女婦貞烈事，未必有畏吾兒譯本。且此諸書，即使有畏吾兒譯本，而其原本究爲華文，故能習此者，即謂之華學。可見元時華學之廣被，且化及西域閨門也。

回回教世家丁鶴年，前篇論之屢矣。丁鶴年以詩名家，孰知其幼時所學，皆出其姊所口授也。鶴年姊名月娥，《明史·列女傳》列卷首，然不詳。其所取在死節，與予所取異趣也。烏斯道《春草齋集》卷七有《月娥傳》，較詳，《明史》即本於此。今節録其文如下：

月娥者，蕪湖葛通甫之妻，武昌邑長職馬録丁之女，西域人也。少聰慧静幽，諸伯氏皆明經，工舉子業，月娥隨而誦説，通奧義。及長，歸通甫，

事上撫下，凜如禮法，諸婦諸女，咸淑其化。既而
寇群起，據豫章，自上游而下，勢張甚，月娥挾諸
婦諸女避郡城。未幾，寇果至，城陷，月娥抱所生
女赴水死，諸婦諸女亦相與死水中，凡九人。父老
議曰："十節同志死，不可異壙。"乃於故居之南
黃池里作巨穴，同葬焉。題其名曰"十節墓"。其
弟鶴年，相與樹碑墓下，以昭節行。鶴年富於經
史，有操行。幼時讀書，皆月娥口授。月娥，幼
名也。

十節墓，《明史》作十女墓。城陷，婦女未必即須死
節，此亦得諸中華禮教者歟！然吾所取者其華學也。

　《七修續稿》卷五有鐵氏二女詩，爲鄧州色目人
鐵鉉女。鉉革除間參政，因忤成祖被誅，二女發教坊
司，女誓不受辱。已而放出，各上詩一律謝恩，其長
詩有"舊曲聽來猶有恨，故園歸去已無家"之句，傳
誦一時。事並見《震澤紀聞》。然則元時西域婦女之
華學，其流風至明未艾也，惟錢謙益《列朝詩集》閏
四，謂此詩非鐵氏作。

卷八　結論

一　總論元文化

綜計全書所論，凡百六十有八人：《儒學篇》三十，《佛老篇》八，《文學篇》五一，《美術篇》三二，《禮俗篇》四一，《女學篇》六，去其各篇互見者三十六人，尚存百三十二人。此百三十二人中，有著明部族者，有泛稱西域或色目者，惜不能一一確指爲今何地，然可略分葱嶺東西兩大部，列表如下：

葱嶺東部　五十六人

唐兀八	畏吾兒十一	回鶻二	高昌十七
北庭一	龜兹一	乃蠻二	合魯二
哈剌魯二	雍古八	斡端一	于闐一

葱嶺西部　六十八人

| 西域廿三 | 回回二十 | 回紇三 | 答失蠻三 |
| 大食二 | 阿魯渾二 | 板勒紇城一 | 康里五 |

伯牙吾氏一　也里可温八

其他　　　八人

朵魯別族一　尼波羅國一　色目六

其中有一地而二名，或一族而數譯者，皆用名從主人之例列之。如合魯即哈剌魯，斡端即于闐，回鶻、畏吾、高昌、北庭，元人本視爲一，回回、回紇，元人亦視爲一，說詳《文學篇》。凡此諸人皆見諸載籍、於中國文化有表見者。其有載籍不載，或載而今已佚，或未佚而爲余疏陋所未及見者，當不止此。蓋自遼、金、宋偏安後，南北隔絕者三百年，至元而門戶洞開，西北拓地數萬里，色目人雜居漢地無禁，所有中國之聲明文物，一旦盡發無遺，西域人羨慕之餘，不覺事事爲之仿效。且元自延祐肇興科舉，每試，色目進士少者十餘人，多者數十人，中間雖經廢罷，然舉行者猶十五六科，色目人之讀書應試者甚衆。馬祖常《送李公敏之官序》言："天子有意禮樂之事，則人皆慕義向化，朔方、于闐、大食、康居諸土之士，咸囊書槖筆，聯裳造庭，而待問於有司。"（《石田集》卷九）故儒學、文學，均盛極一時。而論

208

世者輕之，則以元享國不及百年，明人蔽於戰勝餘威，輒視如無物，加以種族之見，橫亙胸中，有時雜以嘲戲，王夫之《夕堂永日緒論·外編》謂"胡元詩人貫雲石、薩天錫欲矯宋詩之衰，而膻氣乘之"云云，其一例也。清人去元較遠，同以異族入主，間有一二學者平心靜氣求之，則王士禛、趙翼兩家之言可參考也。趙翼《廿二史劄記》三十，有《元諸帝多不習漢文》條，云："元起朔方，不惟帝王不習漢文，即大臣中習漢文者亦少，如小雲石海牙、孛术魯翀、嶸嶸、薩都剌等，當爲翹楚矣。"言外頗有不滿於元朝文物之意，然同卷又有《元季風雅相尚》一條，云："元季士夫好以文墨相尚，獨怪有元之世文學甚輕，當時有九儒十丐之謠，科舉亦屢興屢廢，宜乎風雅之事，棄如弁髦。乃搢紳之徒，風雅相尚如此。蓋自南宋遺民故老，相與唱嘆於荒江寂寞之濱，流風餘韵，久而弗替，遂成風會，固不繫乎朝廷令甲之輕重也。"據此，則趙翼亦知元人文化不弱，且不繫乎政府之提倡，第以此歸其功於南宋遺民，則遺民何代蔑有。須知文化與政治雖有關係，但畢竟不是一事，政治之紛擾，孰甚於戰國、六朝，而學術思想之自由，亦惟戰國、六朝爲最；漢唐號稱盛世，然學術思想輒統於一尊，其成績未必即優於亂世。"風雨如晦，雞鳴不已"，吾人亦行其素焉耳。

以論元朝，爲時不過百年，今之所謂元時文化者，亦指此西紀一二六○年至一三六○年間之中國文化耳。若由漢高、唐太論起，而截至漢、唐得國之百年，以及由清世祖論起，而截至乾隆二十年以前，而不計其乾隆二十年以後，則漢、唐、清學術之盛，豈過元時！且元時並不輕視儒學，至大元年加號孔子爲大成至聖文宣王；延祐三年，詔春秋釋奠，以顏、曾、思、孟配享；皇慶二年，以許衡從祀，又以周、程、張、朱等九人從祀；至順元年，以董仲舒從祀；至正廿一年，以楊時、李侗等從祀。又並不輕視文學，延祐五年七月，加封屈原爲忠節清烈公；致和元年四月，改封柳宗元爲文惠昭靈公；後至元三年四月，且諡杜甫爲文貞，其崇尚文儒若此。此中消息，王士禎參之最透，故《居易錄》卷二之論《石田集》也，則謂："元代文章極盛，色目人著名者尤多，如祖

210

常、趙世延輩是也。"其論《燕石集》（卷三）也，則謂："此與《石田集》皆奉旨刊行。元時崇文如此，或謂九儒十丐，當是天曆未行科舉以前語。"天曆應作延祐。九儒十丐之説，出於南宋人之詆詞，不足爲論據。謝枋得《送方伯載歸三山序》（《疊山集》卷六）云："滑稽之雄，以儒爲戲者曰：我大元制典，人有十等，一官二吏，先之者貴之也；七匠八娼，九儒十丐，後之者賤之也。吾人品豈在娼之下、丐之上乎！"此一説也。鄭思肖《大義略序》（《心史》下）曰："韃法：一官二吏，三僧四道，五醫六工，七獵八民，九儒十丐，各有所統轄。"又一説也。然七八之目，二説已自不同，況謝枋得明謂爲"滑稽之雄，以儒爲戲者"云爾，非元制果如是也。《池北偶談》（卷七）列舉元代色目文人，持論至爲平允。曰："元名臣文士，如廉希憲、貫雲石，畏吾兒人也；趙世延、馬祖常，雍古部人也；迺賢，葛邏禄人也；薩都剌，色目人也；郝天挺，朵魯別族也；余闕，唐兀氏人也；顏宗道，哈剌魯氏人也；贍思，大食國人也；辛文房，西域人也，事功、節義、文章，彬彬極盛，雖齊魯、吴越衣冠士胄，何以過之！”其所見較趙翼爲獨到，予兹所論，正與王士禛同也。試更進而考察親見元時西域人華化者之言論，以完吾説。

二　元人眼中西域人之華化

危素　　　　干文傳　　　　戴良

家鉉翁

危素之叙《金臺後稿》也，在至正十一年辛卯，其言曰：“昔在成周之世，采詩以觀民風，西方之國，豳得七篇，秦得十篇而止。自豳、秦而西，未見有詩，豈其風氣未開，習俗不能以相通也歟！易之，葛邏禄氏也。彼其國在北庭西北金山之西，去中國遠甚，太祖皇帝取天下，其名王與回紇最先來附，至今百有餘年。其人之散居四方者，往往業詩書而工文章。易之伯氏既登進士第，易之乃泊然無意於仕進，退藏句章山水之間。其所爲詩，清麗而粹密，學士大夫多傳誦之。然則葛邏禄氏之能詩者，自易之始，此足以見我朝文化之洽，無遠弗至，雖成周之盛，未之有也。”此危素以成周比元，而謂其能化行西域也。

干文傳之叙《雁門集》也，在至正十七年丁酉，亦以成周之化比元。其言曰："我元之有天下，拓基啓祚，皆始於西北，去周之邠、鎬益遠，是以人生其間，多質直端重，才豐而氣昌。觀之馬文清（應作貞）、達兼善、嶁子山輩，其所爲詩，往往宏偉春容，卓然凌於萬物之表，可以軼漢唐而闖風雅，有周忠厚之氣象，爲之一新。若吾友薩君天錫，亦國之西北人也。君幼岐嶷不群，稍長愈穎敏，爲文詞雄健倜儻，迥邁乎人人。嘗出其所作之詩曰《雁門集》者見示，予得以盡觀，周人忠厚之意具在，一掃往宋委靡之弊。國家元氣，肇自西北，以及於天下，有源而有委，讀是詩者尚有以見之。"

戴良之叙《鶴年吟稿》也，在至正二十六年丙午，説亦云然。曰："昔者成周之興，肇自西北，西北之詩見之於《國風》者，僅自豳、秦而止，豳、秦之外，王化之所不及，民俗之所不通，固不得係之列國以與邶、鄘、曹、檜等矣。我元受命，亦由西北而興，而西北諸國，如克烈、乃蠻、也里可温、回回、西蕃、天竺之屬，往往率先臣順，奉職稱藩。其沐浴休光，沾被寵澤，與京國內臣無少異。積之既久，文軌日同，而子若孫遂皆舍弓馬而事詩書。至其以詩名世者，皆居西北之遠國，其去幽、秦，蓋不知其幾萬里，而其爲詩乃有中國古作者之遺風，亦足以見我朝王化之大行，民俗之丕變，雖成周之盛莫及也。"

危素、干文傳、戴良皆南人，其人皆生元季，其論元人之化洽西域也，同出一詞，所謂輿論者非耶！

元好問生金末元初，其所選詩，號《中州集》，宋人之留元者有家鉉翁，爲題其後。文見《元文類》三八，曰："世之治也，三光五岳之氣，鍾而爲一代人物。其生乎中原，奮乎齊魯、汴洛之間者，固中州人物也；亦有生於四方，奮於遐外，而道學文章爲世所崇，功化德業被於海內，雖謂之中州人物可也。故壤地有南北，人物無南北，道統文脉無南北，雖在萬里外，皆中州也。暇日獲觀遺山元子所裒《中州集》，百年而上，南北名人節士所爲詩，皆采錄不遺，盛矣哉，元子之爲此名也！廣矣哉，元子之用心也！夫生於中原，而視九州四海之人猶吾同國之人，胸懷卓犖，過人遠甚，若元子者，可謂天下士矣。數白載之下，必有謂予言爲然者。”此又宋人之先見，而其後竟言中者也。蓋鉉翁留元十餘年，得睹元初人物氣象，與宋季之偏激狹隘，迥然不同，知其後必昌，故爲是論。豈知不用百載，而西北子弟之成就，已過乎鉉翁所期也。

三　元西域人華文著述表

漢唐以來，翻經沙門，傳教教士，華文著述衆矣，然大抵皆宣揚本教、發揮西學之書，求可以稱華學者蓋寡。元西域人不然，百年之間，作者至三十餘人，著述至八十餘種，經史、詞章、老莊、申韓、輿地、藝術、陰陽、醫藥之屬無不具。且皆華法，非西法，與徒夸彼善俗、思革吾華風者不同，此元人特色也。《元史》無藝文志，清金門詔、倪燦、錢大昕諸家補之，互有詳略。今茲所錄，不過西域人之部，然已有出諸家補志外者，則疏漏仍恐不免，姑俟異日續補之。

人　名	書　名	備　考
蒲壽宬（回回）	心泉學詩稿	四庫輯《永樂大典》本。《倪志》誤以壽宬爲壽庚弟。
	心泉詩餘	《彊村叢書》本

巎巎（康里）	大元通制	删修人之一，見《順帝紀》三。
馬潤（雍古）	樵隱集	見《清容集·馬公神道碑》。
馬祖常（雍古）	英宗實錄	以下六種，見《元史》本傳。
	皇圖大訓	
	承華事略	
	列后金鑒	
	千秋記略	
	章疏一卷	又見《千頃堂書目》。
	石田山房集	有影印《元四家集》本。
贍思（大食）	帝王心法	以下十四種，見本傳。
	四書闕疑	
	五經思問	
	奇偶陰陽消息圖	
	老莊精詣	"詣"《千頃堂書目》作"語"。
	鎮陽風土記	
	續東陽志	
	河防通議	《四庫》輯《永樂大典》本。
	西國圖經	
	西域異人録	
	金哀宗紀	
	正大諸臣列傳	
	審聽要訣	
	文集（三十卷）	
偰玉立（回鶻）	世玉集	《元詩選》。
偰百僚遜（回鶻）	近思齋逸稿	見《千頃堂書目·外國類》。《明詩綜》九五亦有偰遜詩。
泰不華（伯牙吾氏）	重類復古編（十卷）	本傳。
	顧北集	《元詩選》。
	宋史	分撰廿三人之一，見《圭齋集·進宋史表》。
伯顔師聖（哈剌魯氏）	金史	分撰六人之一，見《進金史表》。
貫雲石（畏吾兒）	直解孝經（一卷）	本傳。
	貫公文集	《巴西集》有序。
	酸齋文集	《千頃堂書目》。
	酸齋集	《元詩選》。
迺賢（合魯氏）	河朔訪古記	《四庫》輯《永樂大典》本。

	金臺集	近日翻元本。
	金臺後集	《説學齋集》有序。
	前岡詩集	見《宋元詩會》。
	海云清嘯集	見《千頃堂書目》。
丁鶴年（回回）	丁鶴年集	《琳琅秘室叢書》本。
	丁孝子詩集	《藝海珠塵》本。
	皇元風雅	《九靈山房集》有序，與蔣易、傅習等所編同名。
趙世延（雍古）	經世大典	纂修人之一，見《元文類·經世大典叙録》。
	風憲宏綱	本傳。
余闕（唐兀）	五經傳注	本傳。
	易説（五十卷）	見《九靈山房集·余闕公手帖後題》。
	青陽山房集	有四卷、五卷、六卷、八卷各本。
	宋史	分撰廿三人之一，見《圭齋集·進宋史表》。
高克恭（西域）	房山集	《元詩選》。
	高尚書文集	《式古堂畫考》有王士熙跋。
	高文簡公集（七卷）	見《千頃堂書目》。
聶古柏	侍郎集	《元詩選》。
斡玉倫徒（唐兀）	宋史	分撰廿三人之一，見《圭齋集·進宋史表》。
張雄飛（唐兀）	張雄飛詩集	《至正集》有序。
昂吉（唐兀）	啓文集	《元詩選》。
伯顔子中（西域）	子中集	《元詩選》。
薛超吾（回鶻）	薛昂夫詩集	《松雪齋集》、《天下同文集》有序。
郝天挺（朵魯別族）	雲南實録（五卷）	本傳。
	唐詩鼓吹注（十卷）	通行本。
辛文房（西域）	唐才子傳（十卷）	《粵雅堂》本、日本本、近翻元本。
	披沙集	《石田集》有《題披沙集》詩。
	布都公行狀	見《雪樓集》。布都公，察罕父。
雅琥（也里可温）	正卿集	《元詩選》、曹學佺《歷代詩選》。

217

薩都剌（答失蠻）	雁門集	有三卷、六卷、八卷、二十卷本。
	薩天錫詩集（二卷）	《千頃堂書目》。士禮居藏十卷。
	集外詩（一卷）	毛晉刻。
	薩天錫逸詩	日本刻。
	西湖十景詞	見《元史類編》。
沙剌班（畏吾兒）	金史	分撰六人之一，見《進金史表》。
廉惠山海牙（畏吾兒）	遼史	分撰四人之一，見《進遼史表》。
	仁宗實錄	以下二種，見本傳。
	英宗實錄	
孟昉（西域）	孟待制文集	《夷白齋集》有序。
	孟天暐擬古文	《燕石集》、《滋溪集》有題詞。
察罕（西域板勒紇城）	聖武開天記	《千頃堂》作《皇元太祖聖武開天記》。以下三種，均見本傳。
	紀年纂要	《雪樓集》有序，《千頃堂》作《帝王紀略纂要》。《借月山房》重訂本。
	太宗平金始末	
盛熙明（龜茲）	法書考（八卷）	《楝亭十二種》本。
	補陀洛迦山考	見《普陀山志》。
薩德彌實	瑞竹堂經驗方	《四庫》輯《永樂大典》本。《吳文正集》有序。
保八（色目）	易原奧義（一卷）	以下三種，見《四庫總目》，統名《易體用》。《松鄉集》有序。
	周易原旨（六卷）	
	周易尚占（三卷）	
戈直	貞觀政要集論（十卷）	通行本。
札馬魯丁（西域）	萬年曆	見《曆志》，至元四年進。
可里馬丁（西域）	萬年曆	見《仁宗紀》，皇慶二年上。
忽思慧	飲膳正要（三卷）	《道園學古錄》有序。

218

附　徵引書目

漢書	舊唐書
新唐書	宋史
金史	元史
元史類編	元史新編
新元史	元書
元史氏族表	補元史藝文志（錢大昕）
補遼金元三史藝文志（倪燦）	
補遼金元三史藝文志（金門詔）	
元名臣事略	明史
廿二史考異	廿二史劄記
南唐書	安南志略
至順鎮江志	至正四明續志
西湖游覽志	八閩通志
泉州府志勝	閩書

順治吉安府志　　　　雍正浙江通志

乾隆福建通志　　　　乾隆泉州府志

乾隆濟源縣志　　　　道光廣東通志

道光南海縣志　　　　道光普陀山志

同治欒城縣志　　　　光緒嘉應州志

耶律楚材西游錄　　　長春真人西游記

劉郁西使記

馬可孛羅游記譯注（張星烺）

元秘書監志　　　　　元典章

兩浙金石志　　　　　越中金石志

常山貞石志　　　　　安陽金石錄

和林金石錄　　　　　和林金石詩

寰宇訪碑錄　　　　　補寰宇訪碑錄

攈古錄　　　　　　　潛研堂金石文跋尾

金陵古金石考　　　　經義考

內閣書目　　　　　　菉竹堂書目

千頃堂書目　　　　　四庫總目提要

宋元學案　　　　　　書史會要

圖繪寶鑒　　　　　　畫旨

清河書畫舫　　　　　　鐵網珊瑚

繪事備考　　　　　　　式古堂書畫匯考

佩文齋書畫譜　　　　　三希堂石渠寶笈

元八家法書　　　　　　茅亭客話

鑒誡錄　　　　　　　　玉堂嘉話

困學齋雜錄　　　　　　研北雜志

山居新話　　　　　　　至正直記

輟耕錄　　　　　　　　故宮遺錄

庚申外史　　　　　　　讕言長語

樂郊私語　　　　　　　客座贅語

七修類稿　　　　　　　震澤紀聞

堯山堂外紀　　　　　　棗林雜俎

日知錄　　　　　　　　居易錄

池北偶談　　　　　　　香祖筆記

十駕齋養新錄　　　　　陔餘叢考

開元釋教錄　　　　　　至元辨偽錄

茅山志　　　　　　　　清河内傳

摩尼教入中國考　　　　元也里可溫考

蘇軾東坡文集　　　　　謝枋得叠山集

鄭思肖心史　　　　　　　丘葵釣磯詩集

耶律楚材湛然居士集　　　元好問遺山文集

陸文圭墻東類稿　　　　　鄧文原巴西集

任士林松鄉集　　　　　　趙孟頫松雪齋集

吳澄文正集　　　　　　　劉因靜修文集

劉將孫養吾齋集　　　　　耶律鑄雙溪醉隱集

安熙默庵文集　　　　　　王惲秋澗集

姚燧牧庵集　　　　　　　程鉅夫雪樓集

徐明善芳谷集　　　　　　袁桷清容居士集

釋大欣蒲室集　　　　　　侯克中艮齋詩集

劉敏中中庵集　　　　　　馬祖常石田集

虞集道園學古錄　　　　　楊載仲弘集

揭傒斯文安集　　　　　　丁復檜亭集

王沂伊濱集　　　　　　　黃溍金華文集

歐陽玄圭齋集　　　　　　柳貫待制集

許有壬至正集　　　　　　宋褧燕石集

黃鎮成秋聲集　　　　　　薩都剌雁門集

陳旅安雅堂集　　　　　　傅若金與礪詩文集

李存俟庵集　　　　　　　蘇天爵滋溪文稿

余闕青陽集　　　　　　李士瞻經濟集

迺賢金臺集　　　　　　貢師泰玩齋集

劉仁本羽庭集　　　　　陳高不繫舟漁集

張雨句曲外史集　　　　柯九思丹丘生稿

朱德潤存復齋集　　　　鄭元祐僑吳集

吳海聞過齋集　　　　　丁鶴年集

舒頔貞素齋集　　　　　周霆震石初集

王逢梧溪集　　　　　　魯貞桐山老農集

戴良九靈山房集　　　　楊翮佩玉齋類稿

倪瓚清閟閣集　　　　　王禮麟原集

趙汸東山存稿　　　　　陳基夷白齋稿

王毅木訥齋集

高克恭房山集（自此至《子中集》十二種據《元詩選》）

貫雲石酸齋集　　　　　聶古柏侍郎集

雅琥正卿集　　　　　　劉聞容窗集

文矩子方集　　　　　　偰玉立世玉集

泰不華顧北集　　　　　薛漢宗海集

吳克恭寅夫集　　　　　昂吉啓文集

伯顏子中集　　　　　　宋濂學士集

劉基誠意伯集　　　　王禕忠文集

危素說學齋集　　　　烏斯道春草齋集

楊士奇東里集　　　　朱彝尊曝書亭集

王夫之薑齋詩文集　　全祖望鮚埼亭集

杭世駿道古堂集　　　文苑英華

天下同文集　　　　　元文類

元風雅　　　　　　　西湖竹枝集

大雅集　　　　　　　玉山名勝集

元音　　　　　　　　乾坤清氣集

元詩體要　　　　　　元人十種詩

宋元詩會　　　　　　全金詩

御選元詩　　　　　　元詩選

列朝詩集　　　　　　明詩綜

甬上耆舊詩　　　　　樂府新編陽春白雪

太和正音譜　　　　　中原音韵

朝野新聲太平樂府　　元曲選

歸田詩話　　　　　　詩藪

錄鬼簿　　　　　　　錄鬼簿續編

詞品

附録

讀陳垣氏之《元西域人華化考》

（日）桑原騭藏

　　陳垣氏爲現在支那史學者中，尤爲有價值之學者
也。支那雖有如柯劭忞氏之老大家及許多之史學者，
然能如陳垣氏之足惹吾人注意者，殆未之見也。陳垣
氏研究之特色有二：其一爲研究支那與外國關係方面
之對象，從來支那學者研究關係外國之問題，皆未能
得要領，故支那學者著作之關於此方面者，殆無足資
吾人之參考；惟陳垣氏關於此方面研究之結果，裨益
吾人者甚多。氏之創作以《元也里可温考》始，次如
《國學季刊》所揭載之《火祆教入中國考》《摩尼教入
中國考》兩篇，資料豐富，考據精確，爲當時學界所
見重。其二則氏之研究方法，爲科學的也。支那學者
多不解科學的方法，猶清代學者之考證學，實事求
是，其表面以精核的旗幟爲標榜，然其内容非學術的
之點不少，資料之評判，亦不充分，論理亦不徹底，

不知比較研究之價值。今日觀之，乃知從來支那學者之研究方法缺陷甚多，具有新思想之支那少壯學者，亦承認此缺陷（觀《國學季刊》第 1 卷第 1 號之發刊宣言）。然陳垣氏之研究方法，則超脫支那學者之弊竇而爲科學的者也。

陳垣氏於去年末，草《元西域人華化考》一書，其稿本迄未公表於學界，吾輩幸於今春得著者惠贈其稿本一部（譯者按：陳援庵師之《元西域人華化考》上卷，已載於北大《國學季刊》第 1 卷第 4 號）。

近日少暇，得遍讀其全篇，茲將閱於其書所感，試略言之。案其稿本共爲上下二册。所謂《元西域人華化考》者，蓋研究元代西域人受文學的支那化之事實也。元代有多數西域人移住支那内地，其中景仰支那文化，受其薰陶，所謂華化者不少；是書即説明此種事實也。

支那人夙行所謂楚材晉用主義，超越國籍與種族之區别，而登庸人材；故外國人才多集於支那。此風尤以元時爲最盛，當時來仕支那之西域人中，一方則以本國文化貢獻於元朝者固多（例如亦思馬因等之傳西域炮術，扎馬魯丁之傳西域天文，愛薛之傳西域醫藥）；他方則華化之西域人以所習得之支那學藝（經學、詩文、書畫等）潤飾太平者亦不少。陳垣氏之論著，以研究後者爲主，此可以明瞭當時西域人受支那文化影響之深且廣也。茲爲使觀者了解其内容之大概，故將其論著之目録開示於下：

上册目録：第一，緒論：（一）西域範圍，（二）元時西域文化狀況，（三）華化意義，（四）西域人華化先導。第二，儒學篇：（一）西域人之儒學，（二）基督教世家之儒學，（三）回回教世家之儒學，（四）佛教世家之儒學，（五）摩尼教世家之儒學。第三，佛老篇：（一）西域人之佛老，（二）回回世家由儒入佛，（三）基督教世家由儒入道。第四，文學篇：（一）西域之中國詩人，（二）基督教世家之中國詩人，（三）回回教世家之中國詩人，（四）西域之中國文家，（五）西域之中國曲家。

下册目録：第五，美術篇：（一）西域之中國書家，（二）西域之中國畫家，（三）西域人之中國建築。第六，禮俗篇：（一）西域人名氏效華俗，

（二）西域人喪葬效華俗，（三）西域人祀祭效華俗，（四）西域人居處效華俗。第七，女學篇。第八，結論：（一）總論元文化，（二）元人眼中西域人之華化。

附錄：元西域人漢文著述表，徵引書目。

觀以上目錄，則可知著者之論文，對於西域人華化之問題，爲如何徹底的研究考核矣。觀其緒論，先限定西域之範圍，以解釋華化之意義；於此可證明著者之研究爲科學的也。此爲從來支那學者所不經見。又如以介紹元以前西域人華化之事實爲研究之前提，更可見著者研究之方法周到也。

其本論博引傍搜元人之文集、隨筆等一切資料，徵引考核，其所揭之各題目，殆無遺憾。就中如畏吾兒人高昌偰氏家傳及一門九進士事迹之考證（《摩尼教世家之儒學》），及元末詩人丁鶴年事迹之考證（《回教世家由儒入佛》），又如考證《丁鶴年集》四卷之非元刻（《回回教世家之中國詩人》），尤盡委曲，非獨爲研究元代歷史，即研究支那文化史者，亦有參考此論著之必要。甚望早日公刊，以廣嘉惠於東西學界也。

吾輩就元時代之事迹，並無特別之智識，故於陳垣氏之論著，雖能賞贊，然實無加以有責任批評之資格。但予輩讀畢此著，覺有兩三點不妥，茲開列於下，以供氏之參考焉。若他日此新著公刊時，能參酌吾輩所見，則幸甚矣！

一、 唐武宗命宰相李德裕，選秦漢以來入仕中國之外國人功績顯著者三十人，作《異域歸忠傳》二卷（見《蒲壽庚之事迹》二一六頁）。此書今日不傳，此三十人果指何人，雖未判明，然就此可知古代外國人來仕於支那者不少也。迨唐以後，外國人之入仕者尤多；然此等外國人多數為軍人武將，文人絕不見，縱令有之，大抵亦限於北狄東夷種族，其西域出身者甚少。陳垣氏於西域人華化先導一節，稱元以前華化西域人，有唐李彥昇，宋安世通、蒲壽宬三人，而李彥昇、蒲壽宬二人為吾輩往年已介紹於學界之人物，惟安世通則為陳垣氏所新介紹者也。

陳垣氏根據《宋史》卷四百五十九《隱逸傳》所稱"安世通者本西人"一語，而認其為西域人，斷其爲安息出身。但《宋史》所謂西人之文句，所指殊曖昧。《宋史》卷二百五十《王彥昇傳》之稱"西人"，蓋指原州（甘肅）附近之蕃人，決非西域人之意義。宋人一般稱西夏人爲"西人"，指斥彼等時則謂爲"西賊"，故僅根據《宋史》之謂西人，而即斷定安世通爲西域人，無乃不確乎？

假令此西人果作爲西域人解釋，然安世通之姓，果本於安息歟？此亦疑問也。唐時代移住支那之西域人，多以其本國之名爲姓；據唐中世杜環《經行記》西域之末禄國 Mouru= merv 載云：

胡姓末者，兹土人也。

觀此可知當時末禄國人移住支那者稱末姓。南宋鄭樵《通志》氏族略二亦載曰：

米氏：西域米國胡人也。唐有供奉歌者米嘉榮，五代米至誠。

此爲米國人移住支那後稱米姓之證據。西域石國人之來者，則稱石姓，如唐中世李懷光養子石演芬（《新唐書》卷百九十三《忠義傳》），其一例也。

西域安國人於唐時代或以前，移住於支那而稱安姓者有之，唐林寶《元和姓纂》卷四敘安姓云：

> 出自安國……後魏安難陀至孫盤婆羅，代居涼州爲薩寶，生興貴，執李軌送京師，以功拜右武衛大將軍、歸國公……（其玄孫）抱玉賜姓李氏，兵部尚書平章事、涼國公。

又見《新唐書》卷七十五下《宰相世系表》云：

> 武威李氏，本安氏，出自姬姓：黃帝生昌意，昌意次子安，居於西方，自號安息國，後漢末遣子世高入朝，因居洛陽……又徙武威，後魏有難陀。孫婆羅，周、隋間居涼州武威爲薩寶……至抱玉賜姓李。

此《新唐書》之記事，亦不能十分憑信，其稱安息爲黃帝之後，乃附會耳。然直以武威之安姓，斷爲安息人，是亦疑問。此安姓謂其出於安息，無寧謂其與安國有關係也。安國即中央亞細亞之 Bukhara 地方，Bukhara 與 Samarkand 至唐代尚流行火祆教。唐中世慧超之《往五天竺國傳》亦云：

> 此六國（安國、曹國、史國、石國、米國、康國）總事火祆，不識佛法。

謨罕默德教徒之記錄，亦謂西歷八世紀時拔克哈拉與撒馬爾干一帶地方流行波斯宗教，而安息人則不信奉火祆教及摩尼教，然涼州安姓爲本州之薩寶（大約與《隋書》之薩保同），可知其爲火祆教徒。涼州及其附近一帶地方，迄唐時尚多火祆教徒，故以此安姓爲出於與火祆教無關係之安息，毋寧謂其出於與火祆教有關係之安國，似此解釋較宜也。涼州安姓之事，爲研究支那火祆教歷史之一重要史料，然從來無人注意之；如陳垣氏《火祆教入中國考》及石田學士《支那火祆教》（大正十二年四月之《史學雜志》），亦皆不引用之。

　　吾輩本以安世通爲安國出身之人；然姑與陳垣氏同意，認其爲安息出身，但陳氏以安世通之安世爲安息之異譯，則難以贊同也。東漢以來西域人既有以其國名之一字爲其姓之習慣；如天竺人之竺法蘭，月支人之支謙，康居人之康孟祥，安息人之安世高，大秦人之秦論：皆其實例也。安世高姓安名世高，則安世通亦當姓安名世通，而陳垣氏竟以安世爲姓，通爲名，無乃錯歟？

　　二、於李彥昇、安世通、蒲壽宬三人以外，西域人之華化者尚有之：例如北朝之乞伏保爲高車部人，其義母申氏死，解官奉喪歸故宅（洛陽）。高車部即所謂北狄，或在西域人之範圍外，亦未可知，然北朝時代高車部之土地，略與元代乃蠻部之土地相當（或畏吾兒之一部），乃蠻部（及畏吾兒）爲元代色目之一，故高車部亦可視爲西域人。親喪解官爲支那古來禮制，然北朝時代之多數官吏，必非實行此古禮；而乞伏保以塞外種族，竟爲義母之喪，循奉禮制，則其受華化之深可知。觀《北史》卷八十四列彼於《孝行傳》，可以知矣。

三、較乞伏保更爲適切之西域人華化實例，尚有唐代之迦葉志忠。迦葉志忠之姓，明示爲印度人，唐中宗時代爲右驍騎將軍知太史事。自高宗時代始，支那曆法多出於印度人瞿曇、迦葉、矩摩羅三家之手。迦葉志忠爲迦葉家之一人，《資治通鑒》景龍元年載云：

> 上以歲旱穀貴，召太府卿紀處訥謀之。明日，武三思使知太史事迦葉志忠奏，是夜攝提入太微宮至帝坐，主大臣宴見，納忠於天子。上以爲然，敕稱處納忠誠，徵於玄象，賜衣一襲，帛六十段。（《唐紀》二十四）

迦葉志忠即其人也。《全唐文》卷二百七十六，載有志忠上中宗之《進桑條歌表》一篇，誠爲堂堂之文章，由是可以推測志忠之深受華化也。

四、蒲壽宬之弟蒲壽庚事迹，吾輩已發表於學界，觀其縣重金收買定武蘭亭之刻石（見《蒲壽庚之事迹》第二八五頁）與夫建設海雲樓之事實（同上二三五頁），可以窺見蒲壽庚華化之一端矣。蒲壽宬《心泉學詩稿》，其卷四有題海雲樓一首曰：

題海雲樓下一碧萬頃亭

倚欄心自浮，萬頃一磨銅，欲畫畫不得，託言言更窮。陰晴山遠近，日夜水西東，此意知誰會？鷗邊獨釣翁。

海雲樓建設之目的，欲圖望見海舶之出入；其樓及樓下亭之結構亦可爲其居處華化之一憑證也。

此《心泉學詩稿》只見於《四庫全書總目提要》，其書未曾公刊，無由輸入日本。吾輩於本年初春，得陳垣氏見贈其寫本，始得寓目；同時又以蒲壽宬摯友之南宋遺民邱葵《釣磯詩集》寫本見贈，兹附一言，以表感謝之意。

五、泰不華爲儒者，爲詩人，亦爲書家：皆足成家，爲元代著名之人物。陳垣氏考核其事迹，殆無餘蘊。但彼是否可列入西域人中，不無疑問。泰不華屬於伯牙吾臺族，故宜認爲蒙古人，不宜認爲西域人；而陳垣氏《儒學篇》中云：

> 或稱爲蒙古人；其實伯牙吾臺是色目之一，非蒙古。

如是斷定，何所據歟？吾輩以伯牙吾臺宜屬蒙古，故主張泰不華不當列入西域人華化之實例中也（見大正五年十二月《滿鮮地理歷史研究報告》第三所載箭內博士《元代社會之三階級》四二〇頁）。

[原文載於日本《史林》雜志第 9 卷 4 號，1924 年10 月出版。中譯本載於《北京大學研究所國學門周刊》第 1 卷 6 期，1925 年 11 月 18 日出版。譯者陳彬和]

陳垣與王國維、陳寅恪二先生往來書信選

王國維致陳垣，一九二五年二月：

《花間集》（卷十）有李秀才洵詞三十七首（此據紹興中晁謙之刊本，宋鄂州本"洵"作"珣"）。《鑒誡録》（卷四）：李珣，字德潤，本蜀中土生波斯也。少小苦心，屢稱賓貢，所吟詩句，往往動人。尹校書鶚者，錦城煙月之士也，與李生常爲善友，因戲過嘲之，李生文章掃地而盡。詩曰："異域從來不亂常，李波斯强學文章，假饒折得東堂桂，胡臭薰來也不香。"黃休復《茅亭客話》稱珣爲波斯人（手頭無此書，未及檢）。

王灼《碧鷄漫志》（五）李珣《瓊瑶集》有《鳳臺》一曲，注云："俗謂之《喝馱子》。"又云《花間集》和凝有《長命女曲》，僞蜀李珣《瓊瑶集》亦有

之。又卷三云李珣有《倒排甘州》。卷四云李珣有《河滿子》。此四首皆在《花間集》所選三十七首之外，是珣詞有專集，且至南宋初尚存。

陳垣致王國維，一九二五年二月廿日：

静安先生道右：

承示李珣事，至快，即檢《茅亭客話》李四郎條。四郎名玹，字廷儀，其先波斯國人，隨僖宗入蜀。兄珣，有詩名。玹舉止温雅，以鬻香藥爲業云。因憶《舊唐書·敬宗紀》有長慶四年波斯大商李蘇沙進沉香亭子材事（並見《李漢傳》），珣、玹其蘇沙後耶？若然，則尹鶚詩所謂“胡臭薰來也不香”者，亦嘲其素業也。録之以博一粲。十四年二月廿日。

二陳筆談錄，約一九三〇年年底至一九三一年七月間：

垣：不忽木,《元史》通作木，康里人，巎巎之父。不忽术,《元典章》忽（超按："忽"應爲"木"之筆誤）作术。究竟是"木"是"术"？

寅：待查。但恐是术字。因蒙文 ju 字常有。而木字多是 bu 字，金女真滿洲文即布字，如伊里布、塔齊布之類。

垣：此字若术，則與特勒、特勤之誤相等，因各書皆作不忽木也。术誤木甚易，木誤术甚少。

寅：因此疑原是术。但須再查一查。

垣：元刻書如《太平樂府》等皆作木，若假定爲术，應更有强有力之證據。

寅：故需再考是否有同一原文而譯音不同者。此可於索引中求之。此種兩譯名字見於《唐書》而須改正者，如《唐書》龜茲王之名，新、舊《唐書》皆不同。蘇代（超按："代"爲"伐"之筆誤）勃馱、勃駛，其實作"駛"。因近日發見此王之文告。puspa,

花之意，即玄奘《西域記》之金花。故新、舊《唐書》皆誤。

　　［據原件。參陳智超《史學二陳的友誼與學術》文，載《紀念陳寅恪教授國際學術討論會文集》，中山大學出版社 1989 年出版］

陳垣致陳寅恪，一九三五年三月十七日：

寅恪先生撰席：

　　大序拜謝。今已刻就呈覽。卅一頁後七行曒欲谷、五十二頁後十一行托爾斯太二處亦酌改。復校一過，殊不愜意，頗自悔灾梨之無謂也。尚乞不吝賜教爲幸。此頌晨安。弟期垣謹上。三月十七日。

　　　　　　　　［以上信函均載《陳垣來往書信集》］

《元西域人華化考》創作歷程

陳智超

現存的《元西域人華化考》（以下或簡稱《華化考》）稿本資料包括以下十一種：提綱本一冊；"西域華化考史料"三冊；"元西域人華化考餘料"一冊；散稿若干頁；"元事雜抄"一冊；"贍思遺文"一冊；"証類本草海藥輯、李珣海藥本草輯"一冊；《元西域人華化考》油印稿本上下冊（複印本）；《元西域人華化考》排印本上下兩冊；《元西域人華化考》木刻本上下兩冊；《元西域人華化考》修訂付印本一冊。通過這些資料，可以看出其從醞釀題目，確定提綱，到收集資料，考證材料，到最後得出結論，聯綴成文，不斷完善，這樣一個創作的全過程。

創作、修訂的五個階段

根據有關資料，可以看出《華化考》一書創作過程中幾個重要階段。

一、完成油印稿本。包括題目的確定、章節的安排和基本內容的寫定。開始寫作的時間上限爲 1922 年（民國十一年）9 月，完成時間爲 1923 年（民國 12 年）10 月 9 日。歷時 13 個月。

二、第一次修改。主要是對前四卷的修改，包括增補材料，刪節內容和修正某些提法。修改時間自稿本寫成的 1923 年 10 月開始，至同年 12 月《華化考》前四卷在《國學季刊》第一卷第四號上發表時止，歷時兩個多月。其結果體現在《國學季刊》的排印本上。

三、第二次修改。主要是對後四卷的修改。《華化考》後四卷本應在《國學季刊》繼續刊出，但該刊因經費問題停刊，所以直至四年後才在《燕京學報》上登載。修改時間自稿本寫成的 1923 年 10 月開始，至 1927 年 12 月在《燕京學報》第二期上發表《華化考》後四卷時爲止。

四、第三次修改。第二次修改的七年之後，1934 年冬，《華化考》由援庵先生自己用木刻本出版。這是全書第一次完整地公開出版。後被列爲《勵耘書屋叢刻》第一集第一種。

五、 第四次修訂。1963 年，作者應中華書局之約，準備出版中華人民共和國成立後《華化考》的第一個排印本，爲此又對木刻本作了修訂補充，其結果體現在當時交給中華書局的修訂付印本上。

本文論述的重點在原稿和油印稿本上。這是因爲以原稿爲基礎的 1923 年 10 月的油印稿本，已經完成了全書的架構，以後的修訂，只是在枝節上。也因爲油印稿本以後的歷次修改，只要對比前後兩種本子，就可以知道何處修改以及如何修改。

三個關鍵環節

根據留存的相關手稿及資料，可以分析全書創作過程的幾個關鍵環節。

一、 確定題目： 在"提綱本"上，我們可以清楚地看到題目的修改過程： 從開始的"元時代外國人之中國化（文學）"改爲"元代西域人之中國化"，又改爲"元世種人漢化考"，再改爲"元代西域人之漢化考"，到油印稿本時定爲"元西域人華化考"。此後歷次修改，對題目再沒有改動。關鍵詞是被化的對象以及化的結果。前者由"外國人"改爲"西域人"，又改爲"種人"，最後仍然定爲"西域人"。後者則由"中國化"改爲"漢化"，最後定爲"華化"。這些改動，反映了寫作本書的時代大背景，即"中國被人最看不起之時，又值有人主張全盤西化之日"。也反映了作者寫作本書的目的：證明元代"西域人之同化中國"。

二、擬定提綱、安排章節：從"提綱本"可以看到，題目（即主題）大致確定下來以後，作者是從兩方面着手收集材料、擬定提綱，爲下一步正式寫作做充分準備的。

第一方面是確定應列入"華化"的"西域人"的名單及其簡況。如馬祖常，下注："雍古部人，字伯庸。石田集十五卷。至元十六年生（1279），後至元四年卒（西 1238），年六十。儒、文、詩。"上注："元史一四三、耶。"指明了他的族屬、別字、著作、生卒年、本傳在《元史》中的卷數。"儒、文、詩"說明他既是儒者，又是文家、詩人。"耶"指他信仰基督教。名單中也有列出後又勾去的，如耶律楚材，因爲他是契丹人，不是西域人（色目人），不屬於本書所論的範圍。我們看到，作者開列這份名單時，參考了《丁鶴年詩集》、王士禛《池北偶談》等著作。

第二是確定"華化"的內涵及外延。作者在《華化考》中把"華化"界定爲"以後天所穫，華人所獨者爲斷"。他最初列出的"華化"的表現爲："1. 學術：史學、文學、理學。2. 宗教：佛、道、儒。3. 美術（技藝）：書畫、樂府。"另一種方案爲："儒術，文學（章），入道，逃禪，美術（書畫）。"還有一種是："以學名者，以文名者，以詩名者（薩），以畫名者（高）。"

從以上情況推測，援庵在構思《華化考》時，曾有兩種方案：一是以"人"爲綱，即以一個個"華化"的"西域人"爲綱，分述他們"華化"的表現。另一種是以"華化"的内容爲綱，如學術、宗教、美術，等等，然後分述在這些方面有所表現的"西域人"。

但緊接着的第二份提綱，可知他計劃選擇第二種方案。

提綱先列出書名的三種方案：一、元代西域人之中國化；二、元世種人漢化考；三、元代西域人之漢化考。

其後是各章節的標題。用阿拉伯數碼標序的三條，相當於稿本的緒論：1. 西域人之界說；2. 何謂中國化；3. 元時西域文化之概況。

下面列出各節標題，與後來的稿本比較，編次變動較大，但基本內容相差不多。他們是：

西域之中國書家（篆、隸）：嶧嶧、泰不華、盛熙明。

西域之中國畫家：高克恭、丁野夫、伯顏不花。

基督教（景教）世家之儒術：馬祖常。

基督教世家由儒入道：趙世延、馬節。

西域之中國詩人：別哲、買閭、聶古柏。詞家附：□□。

回回教世家由儒入佛：丁鶴年。

西域中國文學家：馬祖常、孟昉、余闕。

西域人之學佛：貫雲石。

回回教世家之儒術：瞻思。

基督教之中國詩人：雅琥、馬世德。

回回教之中國詩人：薩都拉。

西域人之儒行：泰不華、三寶柱、顏師聖、伯顏子中、郝天挺。

西域人好道：迺賢、安世通，老莊精詣。

中國化者之漢文著述。

運會與科舉之□□。（超按：此條後刪去。）

西域之中國史學家：辛文房。

摩尼教世家之儒術：廉希憲、余闕、高智耀、偰玉立、三寶柱、薛昂夫。

世襲信仰打破。

元人眼中之西域人中國化。

悍武習慣消融。（超按：此條後刪去。）

西域人之理學：泰不華。（超按：此條用鉛筆，故圖版不清。）

樸野風俗改變。（超按：此條後刪去。）

西域人中國化者之先河。

求同化中國者之表示。（超按：後删去。）

種人不諱所自出：丁鶴年。（超按：後删去。）

對同化之懷疑：送歸彥卿序。（超按：後删去。）

中國化者部族表，並生卒年。

中國化者類別表，著述表。

但下面的幾行，似又考慮以人爲綱：

馬祖常之家世　馬祖常之文學　馬祖常之尊儒

丁鶴年之家世　丁鶴年之儒學　丁鶴年之文學

丁鶴年之逃禪

下面是第一種方案的變型：

基督教世家之儒學：馬祖常、馬潤。

基督教世家之由儒入道：趙世延。

基督教世家之詞翰：雅琥、馬世德。

基督教世家之翰墨：哈剌、康里不花、趙

夫人。

回回教世家之儒學：瞻思、溥博。

回回教世家之詞翰：薩都拉、伯篤魯丁、掌機沙、別里沙、哲馬魯丁、蒲壽宬。

回回教世家之由儒入佛：丁鶴年。

下面又考慮改爲第二種方案：

1. 儒學：馬祖常等。

2. 佛學。

3. 老學。

4. 詩家：馬祖常等。

5. 文家：馬祖常。

6. 曲家。

7. 書家。

8. 畫家。

與稿本相比較，可知作者在寫作過程中，仍繼續對章節的名稱、安排作調整。爲了使作品能更好地表達主題，他對全書的結構安排，真可謂煞費苦心，直到稿本完成時，章節安排也才最後定案。

三、正文寫作：這是創作的主要階段。

正文的原稿基本保存下來了。它們集中在題爲"西域華化考史料"的上、中、下三冊中，即前述的第二種資料。還有一些是零散的手稿。

這裏需要對下列問題作出解釋：爲什麼《華化考》的手稿不是按全書的次序排列，而是分散裝訂在這三冊"史料"中？爲什麼這三冊"史料"，既包含有《華化考》的手稿，也有其他材料？爲什麼還有一小部分手稿是散頁？還有一小部分原稿爲什麼缺失？

這些，都同援庵先生的寫作模式有關。其中有些屬於他的寫作習慣，帶有個人的特點，更多的則是體現他的方法、精神，具有普遍的啓發、指導意義。

援庵没有專門寫過歷史研究法之類的文章，但在著作中、在書信中，結合自己的創作實踐，他提出過一些原則性的意見。

1940年1月，他在家書中説："凡論文必須有新發見，或新解釋，方於人有用。第一搜集材料，第二考證及整理材料，第三則聯綴成文。第一步工夫，須有長時間，第二步亦須有十分三時間，第三步則十分二時間可矣。草草成文，無佳文之可言也。"這當然是針對史學著作而言的，但對其他學科也有借鑒作用。

二十世紀四十年代，他在《中國佛教史籍概論》中，以僧傳爲例，説明文史兩家之法的特點。他説，"類聚衆文，裁剪而成傳，其作用爲物理的……此史家之法也"。"镕化衆説，陶鑄以成文，其作用爲化學的……此文家之法也"。他還説，"二者優劣，誠未易言"，但文家之法，如果作者長於文詞，"其書琅琅可誦"，有較强的可讀性。援庵先生作爲一位史學家，始終堅持史學的立場，"史以徵信"，總是把真實性放在首位。同時他也非常重視"文章"，重視内容的表達形式，重視論著的可讀性，考慮如何使讀者更容易並樂於吸收他的成果。

援庵主張史學論著必須設法減少小注，或改爲正文。他在 1946 年 4 月 8 日的家書中説："我近日作品，力避小注，不論引文、解釋、考證、評論，皆作正文。此體將來未知如何，我現在尚在嘗試中，未識能成風氣否也？且要問注之意義爲何，無非是想人明白，恐人誤會耳。既是想人明白，何以不作正文？若是無關緊要之言，又何必注？"試看他的著作，雖然沒有采取注的形式，但無一不符合現代學術著作的規範，同時又避免了因注文而打斷讀者閱讀思路的弊病。

他多年科研實踐的總結，在《華化考》中也有充分的體現。

寫作三步驟

援庵所説的爲文的第一階段是搜集材料。他爲寫作《華化考》所搜集的材料就是前述"西域華化考史料"三册，"元西域人華化考餘料"一册，"元事摘抄"一册，"贍思遺文"一册，還有散頁若干。當時沒有電腦，他專門請了兩位抄書先生，按照他勾出的段落，用大小基本一致的稿紙抄出，並在文末注明出處。

爲文的第二階段是考證及整理材料。援庵對《華化考》材料所作的考證，大都采取眉批的形式。

爲文的最後階段，是將經過考證及整理的材料，聯綴成文。

下面就以郝天挺一例加以説明。

“史料”上册開始三頁是作者收録的有關郝天挺的資料。第一頁録自清人顧嗣立《元詩選》癸之乙，包括郝天挺小傳，以及郝《麻姑山》詩一首。第二頁録清人王士正（原名士禎，卒後因避雍正諱，追改士正，乾隆時又命改士禎）《池北偶談》一則。第三頁録《元史》卷一七四本傳。

在《元詩選》這一頁上，援庵有多條批語，現選擇其中幾條加以解釋：

（一）“《元史》一七四”：指《元史》卷一七四有郝天挺傳。

（二）“《唐詩鼓吹》，元好問編，郝天挺注，《四庫》著録。”與此條批語相應，將《元詩選》文中的“唐人鼓吹集”改正爲“唐詩鼓吹”。

（三）“元郝天挺爲遺山弟子，金郝天挺爲遺山師。”與此條批語相應，在《元詩選》文中的“其師”、“其弟子”旁注“遺山之”。這是因爲金元之際有兩個郝天挺，而且都同元好問（遺山）關係密切。康熙御定《全金詩》以及柯劭忞的《新元史》都將兩人混淆。

（四）"《唐詩鼓吹》十卷，皆唐人七言律詩，凡九十六家，五百九十六首。《四庫提要》稱其但釋出典，簡略而不涉於穿鑿，與吾鄉廖文炳等之所解，橫生枝節，庸而至於妄者不同"。與此相應，書眉還有一短批："廖文炳，古岡後學。"廖文炳是新會人，所以援庵在批語中稱之爲"吾鄉廖文炳"。廖在萬曆年間編《唐詩鼓吹注解大全》，新會古稱岡州，"古岡後學"應是他在《注解大全》中的題名。

（五）"此詩並見《元風雅》前集卷一。今依《元風雅》改注於旁者是。此詩又見《宋元詩會》六九。此詩本見《元文類》卷六，而康熙御定《全金詩》增補《中州集》，卷四十二乃補入金之郝天挺卷中，誤甚"。這些批語，是針對《元詩選》所收郝天挺《麻姑山》詩的。與此相應，援庵據《元風雅》校此詩，如"石徑斜"旁注"景便嘉"等。援庵在批語中步步追尋《麻姑山》詩的出處，並指出《全金詩》之誤。

在《池北偶談》這一頁上，批注有三處：

（一）在《池北偶談》旁注"卷六"，指明此條出處。

（二）"《中州集》卷九有郝晉卿詩一首。"晉卿爲金郝天挺之字。

（三）在錄文之末注"元遺山詩集箋注補載"。此爲《池北偶談》此條題目。

在《元史·郝天挺傳》一頁上，有如下批語：

（一）"詩。行。"此兩字批在頁邊上，作爲標題或提示。"詩"指郝爲華化的詩人。所謂"行"，見"提綱本"中"西域人之儒行"，下列郝天挺之名。可見援庵原設想有此一節，郝在其中。後來此節取消。

（二）"朶魯別，即西北地附之打耳斑，在裏海西岸"。這是對本傳中"出於朶魯別族"一語的注釋。

（三）"《郝和尚拔都傳》，《元史》一五零。以和尚拔都爲太原人，故亦置於漢人南人之列。"郝和尚拔都爲郝天挺之父，《元史》置其傳於卷一五零。援庵在本書卷二第一節指出："《元史》卷一一八至一四五，爲蒙古、色目人列傳；卷一四六至一八八，爲漢人、南人列傳。"（在散稿中有相應的一條，並標明日期。）批語認爲《元史》編者不應將郝和尚拔都傳置於卷一五零漢人列傳之中，並分析致誤之原因。

（四）"張閭，字伯高，逎賢族人，即章閭。見逎賢《咏清益堂詩》。"又批："非此人。"此兩條批語是對郝天挺傳中提到的"少保張閭"的注釋。原以爲即逎賢族人章閭，後發現爲另一人，所以補注"非此人"。

以上是關於郝天挺一段所收集的材料及對這些材料的考證與整理。那末，在"聯綴爲文"，即正式寫作階段，他又是怎樣運用這些材料的呢？

在《華化考》中，有關郝天挺的敘述，主要集中在卷四文學篇的第一節"西域之中國詩人"，共分四段。這部分的原稿，現保存在"西域華化考史料"下册。

第一段全爲援庵手迹。分析郝天挺詩流傳不多，但元人蘇天爵在《元文類》中仍將他列爲詩人的原因。這主要是因爲他有一部有關唐詩的著述《唐詩鼓吹》。

第二段大部爲援庵手迹。首先根據《元史》本傳概述郝天挺生平事迹。其次，指出《元史》編者將郝傳置於漢人列傳中，爲"一時失檢"。再次，指出康熙御定《全金詩》將元人郝天挺之詩誤作金人郝天挺之詩。又指出，雖經《池北偶談》《元詩選》《四庫提要》的辨正，《新元史》仍混淆金、元兩郝天挺。此段末尾引趙孟頫爲《唐詩鼓吹》所作序言。序言由書手抄寫，其中援庵勾去數段，這是指示書手謄稿時略去此數段。援庵曾多次强調，引文可刪節，但不能篡改。有心的讀者可對比趙序全文與援庵的刪節。刪節後既不損原意又不着痕迹。

第三段開頭數語爲援庵手迹："趙序僅言天挺爲好問弟子，而未嘗注意其爲色目人。姚燧序則注意及之。"下引姚燧爲《唐詩鼓吹》所寫序言。序言也是由書手抄寫，援庵也勾去了一些與論証主題無關的文字。

最末一段全爲援庵手迹。先是説姚燧之序"直以郝天挺爲原出軍閥，至是乃講求文化也"。然後是根據通行本《唐詩鼓吹》的情況評論《四庫提要》的一些論斷。

在油印稿本中，對這部分原稿作了一些修改。如對《新元史》的批評，原稿作"不可謂非失檢之尤者也"，刻板油印時改爲"亦一時失檢也"，郝天挺"原出軍閥"改爲"原出將門"，"講求文化"改爲"講求文學"，等等。

從郝天挺一例所反映的援庵創作三階段，我們可以得出以下幾個認識：

一、搜集材料務求全面。他曾提出過要"竭澤而漁"，即在研究某一具體問題時，應盡可能將有關材料收集齊全。我們研讀這部《元西域人華化考》稿本時，不僅要注意他在《華化考》中引用了哪些材料，同時要注意他爲此問題收集了哪些材料。後者的數量遠遠超過前者。我們還要注意，他爲什麼能在比較短的時間内收集到這些材料？上述例子告訴我們，他善於利用前人的成果，並充分發揮了自己在目錄學方面的優勢。

二、考證材料求真求精。材料有真僞之分，精粗之別。考證材料就是一個"去粗取精，去僞存真"的過程。所謂"精"，就是那些最能反映歷史事實真相、反映歷史本質的材料。一般來說，原始材料、第一手的材料應是"精料";但也要認真考察它的來源,究竟是誰記載的? 目的何在? 也就是援庵常説的,"讀書當觀其語之所自出"。鑒別真僞, 吸取精華, 不但要有考證的工夫, 還要有識斷的能力。我們可以看到, 援庵爲撰寫《華化考》所收集的材料可大致分爲三類: 第一類没有加任何按語, 這一類明顯與本題無關(但並不等於無用);第二類加了按語, 是經考證然後區別情況應用的;第三類則經删節後直接引用, 這些都是"精料"。

三、爲文深入淺出, 以理服人。援庵所説聯綴成文階段需時爲整個創作過程的十分之二, 並不是説這一階段的工作只是把經過考證的材料簡單地加以串聯。援庵的著作, 既重視内容, 也重視文章。這一階段的工作所以能在較短時間内完成, 是因爲在前兩個階段, 他已經對全書的布局、結構, 反復考慮、反復調整。他的文章, 可以説是"史家之法"與"文家之法"的巧妙結合。有些需要大段引用的材料, 他在引文前後加上自己的話, 説明出處, 加以詮釋, 作出論斷, 這是"史家之法";有些則是"镕化衆説, 陶鑄以成文"，這是"文家之法"。《華化考》稿本完成以後，他把引用過的材料包括自己在前後加了説明、論斷的内容，仍然分類裝訂成册；而那些運用"文家之法"的手稿段落，因無所歸屬，未訂入册内，有些已流失了。這就是原稿小部分没有保留的原因。凡讀過援庵著作（包括《華化考》）的人，普遍感覺他的文章一氣呵成，邏輯嚴緊，説理透徹，琅琅可誦。這是因爲他把"史家之法"與"文家之法"巧妙地結合起來了。

陳垣先生學術年表[1]

1880 年（光緒六年）

11 月 12 日（農曆十月初十）生於廣東新會縣石頭鄉富岡里。

祖父海學，取堂名陳寧遠堂，於 1837 年在廣州創陳信義藥材店，店址在老城晏公街閩漳會館舊址。

海學九子，三子維舉，五子維啓。維啓別字勵耘，有兩子四女，長子垣，次子國鍵。維舉光緒十一年卒，無子，由垣入繼。

垣，字援庵，族中大名道宗。

1885 年（光緒十一年）

離鄉至廣州。

---

[1] 本年表由陳智超撰寫。

1886 年（光緒十二年）

在廣州入私塾。當年讀紅皮書，八歲讀《大學》《中庸》《論語》，九歲讀《孟子》，十歲讀《詩經》，十一歲讀《易經》，十二歲讀《尚書》。

1892 年（光緒十八年）

讀《禮記》，有關喪服諸篇不讀。

發現張之洞的《書目答問》，漸漸學會按照目錄買自己需要的書看。

1893 年（光緒十九年）

讀《左傳》，在私塾未讀完，在家補讀。

開始閱讀《四庫全書總目提要》。以後幾年中，又把此書讀了幾遍。

1894 年（光緒二十年）

廣州大疫，學館解散，有時間讀自己喜歡讀的書，打下學問的初步基礎。

1897 年（光緒二十三年）

入京應順天鄉試，因八股文不好，失敗。回廣東後苦讀苦練八股文。

1898 年（光緒二十四年）

開始教蒙館授徒，仍學八股文。

1900 年（光緒二十六年）

新會縣案第二。

1901 年（光緒二十七年）

新會縣案第一。

1902 年（光緒二十八年）

補廩。入開封參加鄉試，因改試策論，前功盡棄。

1903 年（光緒二十九年）

讀趙翼《廿二史劄記》。

再入開封。游肇慶、瓊州，住香港。

1904 年（光緒三十年）

與潘達微等人籌辦《時事畫報》。

1905 年（光緒三十一年）

積極參加廣州人民反對美國政府迫害華工的愛國鬥爭，爲廣州拒約會負責人之一。

《時事畫報》創刊，負責報中文字，以錢罌、謙益等筆名發表借歷史題材反清的文章。

1906 年（光緒三十二年）

因觸犯時忌，被迫離開廣州，在新會篁莊小學教書。

1907 年（光緒三十三年）

先任廣州振德中學教員，後入美國教會辦的博濟醫學院學習西醫。

1908 年（光緒三十四年）

憤而離開歧視中國師生的博濟醫學院，與友人創辦光華醫學專門學校，並在該校學習。同時在《醫學衛生報》發表文章，宣傳近代醫藥衛生知識及醫學史。

閱讀歷史文獻，在方功惠處借讀抄本《元典章》。

1909 年（宣統元年）

赴日本訪醫學史書籍，得見《醫籍考》等書。

1910 年（宣統二年）

在光華醫學專門學校畢業，爲該校第一期畢業生。留校任教，講授生理學、細菌學、解剖學等。

1911 年（宣統三年）

兼任廣州《震旦日報》主編，編《雞鳴錄》副刊。

1912 年

任中國同盟會廣東支部評議員。

1913 年

當選衆議員，從此在北京定居。

1915 年

熱河文津閣《四庫全書》運至北京，開始閱讀、研究《四庫全書》。

1917 年

因研究宗教史，向英華借閱宗教史書籍。當時英華在香山静宜園主持輔仁社，因訪英華，而有首部史學論著《元也里可温考》之作。

10 月，隨梁士詒赴日本。在日本尋得《貞元釋教録》等書。

1918 年

繼續研究基督教史，編成《基督教史目録》。

10 月，與葉恭綽等游大同雲岡石窟寺，寫成第一篇佛教論文《記大同武州山石窟寺》。

1919 年

校刊基督教文獻及撰寫基督教人物傳。

1920 年

6月至8月，在張宗祥等人協助下，檢查文津閣《四庫全書》，大致摸清了《四庫全書》的情況。

1921 年

2月，主持孤兒工讀園。9月，創辦平民中學。

12月，署理教育部次長，代理部務。

1922 年

任北京大學研究所國學門導師。

任京師圖書館館長，閱館藏敦煌遺經八千卷。

5月，辭去教育部次長職務。

研究伊斯蘭教史並開始寫作《元西域人華化考》。

1923 年

在北京大學《國學季刊》發表《火祆教入中國

考》《摩尼教入中國考》及《元西域人華化考》上篇。

1924 年

編成《道家金石略》100 卷，因校讎不易，未刊。

完成《敦煌劫餘錄》初稿。

10 月，馮玉祥驅逐溥儀出宮，清室善後委員會成立，爲委員。因會長李煜瀛經常出京，常受託主持工作。

1925 年

10 月，故宮博物院成立，爲理事，並任故宮博物院圖書館館長。

《二十史朔閏表》出版。

1926 年

1 月，英華逝世，臨終以輔仁大學校務托付，任輔仁大學副校長、校長，直至 1952 年。

《中西回史日曆》出版。

8 月，張作霖準備武力接收故宮博物院，與馬衡等盡力抵制，爲憲兵司令部逮捕。獲釋後，有憲兵二人住家中監視，直至 12 月始撤走。

1927 年

《元西域人華化考》下篇在《燕京學報》發表。

1928 年

任中央研究院歷史語言研究所特約研究員。

任燕京大學國學研究所所長。

《史諱舉例》在《燕京學報》發表。

1929 年

任北平師範大學史學系主任，給同學講授“中國史學名著選讀”、“史學名著評論”等基礎課。

任北平圖書館委員長。

1930 年

春，完成《敦煌劫餘錄》。

夏，校沈刻《元典章》，校出錯誤一萬二千餘條。

1931 年

任北京大學史學系教授、名譽教授。

完成《沈刻元典章校補》及《元典章校補釋例》（後改名《校勘學釋例》）。

1933 年

主持《宋會要輯稿》的影印工作。

在師範大學新開"史源學研究"（後改名"史源學實習"）課程。

1934 年

《元西域人華化考》全書作爲《勵耘書屋叢刻》第一種雕版印行。

1935 年

當選爲中央研究院第一屆評議員。

1936 年

撰寫有關吳歷（漁山）的系列論文。

1937 年

4 月，完成《吳漁山年譜》。

7 月 7 日，"盧溝橋事變"。月底，北平爲日本侵略軍佔領。留平主持輔仁校務，教育青年。

年底完成《舊五代史輯本發覆》。

1938 年

10 月，完成《釋氏疑年録》。

1939 年

發現《嘉興藏》有清初僧人語録二百餘種，據以修改《釋氏疑年録》十一、十二卷。

自 9 月至次年 11 月，系統閱《嘉興藏》。

7 月，搬家至興化寺街五號，在此居住至逝世。

1940 年

3 月，完成《明季滇黔佛教考》，表彰明末遺民之民族氣節。

1941 年

1月，寫成《清初僧諍記》，藉以抨擊赴日朝拜、歸以爲榮的漢奸。

7月，寫成《南宋初河北新道教考》，大量采用碑刻資料，表彰金初河北抗節不仕之遺民。

1942 年

9月，完成《中國佛教史籍概論》。

以《通典》及《册府元龜》補足流失八百年的《魏書》缺頁。

1943 年

"史源學實習"課改以全祖望《鮚埼亭集》爲教材，目的在"正人心，端士習"。

1944 年

開始寫作《通鑒胡注表微》。

1945 年

《通鑒胡注表微》寫成大部分，前十篇在《輔仁學志》發表。抗日戰爭勝利結束。

1946 年

11 月，在家書中說："《表微》下册差廿頁印畢。新戰綫尚未辟，將軍老矣。"

12 月，《通鑒胡注表微》後十篇在《輔仁學志》發表。

1947 年

在報刊上發表史源學範文及《中國佛教史籍概論》散篇二十餘篇。

1948 年

當選爲中央研究院院士。

12 月，南京國民政府派飛機欲接往南京，拒絶南下。

1949 年

1 月底，北平和平解放。

4 月 29 日，作《給胡適之先生一封公開信》。

1950 年

輔仁大學由中央人民政府教育部接辦，仍任校長。

1951 年

夏，任西南土改工作團第二團團長，到四川巴縣參加土地改革，歷時三個多月。

1952 年

高等學校院系調整，10 月起，任北京師範大學校長，直至逝世。

1953 年

11 月，因腦血管硬化入院治療百餘天。此後多次住院治病。

1954 年

當選爲第一屆全國人民代表大會代表。後又當選第二、第三屆代表。

兼任中國科學院歷史研究二所所長。

1955 年

當選爲中國科學院哲學社會科學部學部委員。

1958 年

補選爲第一屆全國人民代表大會常務委員。後又當選第二、第三屆常務委員。

1959 年

加入中國共產黨。

作《影印明本册府元龜序》。

1961 年

開始點校《舊五代史》及《新五代史》。

1965 年

10 月，寫完《兩封無名字無年月的信》，這是其最後一篇著述。

1971 年

6 月 21 日在北京醫院逝世。家屬遵照遺囑，將積存稿費四萬元全部交作黨費，珍藏的四萬餘册圖書及千餘件文物，全部捐獻給國家，珍貴文物現由首都博物館收藏，圖書、手稿及部分文物由國家圖書館收藏。

圖書在版編目(CIP)數據

元西域人華化考 / 陳垣撰. -- 上海 ：上海書店出
版社，2025. 6. -- (陳垣著作集). -- ISBN 978-7
-5458-2447-6

Ⅰ. K289

中國國家版本館 CIP 數據核字第 2025RQ9363 號

責任編輯 顧 佳
封面設計 汪 昊

陳垣著作集

元西域人華化考

陳 垣 撰

出	版	上海書店出版社
		(201101 上海市閔行區號景路 159 弄 C 座)
發	行	上海人民出版社發行中心
印	刷	蘇州市越洋印刷有限公司
開	本	889×1194 1/32
印	張	9.875
字	數	118,000
版	次	2025 年 6 月第 1 版
印	次	2025 年 6 月第 1 次印刷

ISBN 978-7-5458-2447-6/K·522

定 價 75.00 圓